2022

广东省黑龙江省
对口合作工作报告

广东省发展和改革委员会
黑龙江省发展和改革委员会 编

经济管理出版社
ECONOMY & MANAGEMENT PUBLISHING HOUSE

图书在版编目（CIP）数据

广东省黑龙江省对口合作工作报告 . 2022/广东省发展和改革委员会，黑龙江省发展和改革委员会编 . —北京：经济管理出版社，2023.6
ISBN 978-7-5096-9092-5

Ⅰ . ①广… 　Ⅱ . ①广… ②黑… 　Ⅲ . ①区域经济合作—工作报告—广东、黑龙江省—2022
Ⅳ . ①F127.65 ②F127.35

中国国家版本馆 CIP 数据核字（2023）第 106729 号

组稿编辑：白　毅
责任编辑：杨国强　白　毅
责任印制：黄章平
责任校对：蔡晓臻

出版发行：经济管理出版社
　　　　　（北京市海淀区北蜂窝 8 号中雅大厦 A 座 11 层　100038）
网　　址：www.E-mp.com.cn
电　　话：(010) 51915602
印　　刷：北京晨旭印刷厂
经　　销：新华书店
开　　本：787mm×1092mm/16
印　　张：14.25
字　　数：283 千字
版　　次：2023 年 6 月第 1 版　　2023 年 6 月第 1 次印刷
书　　号：ISBN 978-7-5096-9092-5
定　　价：98.00 元

编 委 会

编委会主任

艾学峰　张亚中

编委会副主任

朱　伟　吴道闻　黄华东　秦黎明　祝永辉　蔡木灵　张祖林

黄恕明　林吉乔　肖晓光　郑良辉　吴祖艳　姜建中　袁长清

袁立春

石剑飞　芦玉春　于基祥　刘　伟　白祥和　孙景春　鲁　峰

于明海　李　荣　王伟东

主编

秦黎明　于基祥

编辑

冯光其　尤洪文　马世斌　胡德强　陈晓聪　欧江波

王希君　王　峰　谢剑涛　张　莉　赵　刚　宋　兵　杨凯东

王　璐　王　磊　徐　瑞　伊　蒙　温雅琦

编撰单位

中共广东省委组织部	中共黑龙江省委组织部
中共广东省委宣传部	中共黑龙江省委宣传部
中共广东省委机构编制委员会办公室	中共黑龙江省委机构编制委员会办公室
中共广东省委外事工作委员会办公室	中共黑龙江省委外事工作委员会办公室
广东省发展和改革委员会	黑龙江省发展和改革委员会
	黑龙江省营商环境建设监督局
广东省教育厅	黑龙江省教育厅
广东省科学技术厅	黑龙江省科学技术厅
广东省工业和信息化厅	黑龙江省工业和信息化厅
广东省人力资源和社会保障厅	黑龙江省人力资源和社会保障厅
广东省住房和城乡建设厅	黑龙江省住房和城乡建设厅
广东省生态环境厅	黑龙江省生态环境厅
广东省农业农村厅	黑龙江省农业农村厅
广东省商务厅	黑龙江省商务厅
广东省文化和旅游厅	黑龙江省文化和旅游厅
广东省卫生健康委员会	黑龙江省卫生健康委员会
广东省民政厅	黑龙江省民政厅
广东省人民政府国有资产监督管理委员会	黑龙江省人民政府国有资产监督管理委员会
广东省广播电视局	黑龙江省广播电视局
广东省地方金融监督管理局	黑龙江省地方金融监督管理局
广东省粮食和物资储备局	黑龙江省粮食和物资储备局
广东省人民政府发展研究中心	黑龙江省社会科学院（省政府发展研究中心）
广东省工商业联合会	黑龙江省工商业联合会

广州市对口支援协作和帮扶合作工作领导小组办公室	齐齐哈尔市经济合作促进局
深圳市乡村振兴和协作交流局	哈尔滨市发展和改革委员会
珠海市发展和改革局	黑河市发展和改革委员会
汕头市发展和改革局	鹤岗市发展和改革委员会
佛山市发展和改革局	双鸭山市发展和改革委员会
惠州市发展和改革局	大庆市发展和改革委员会
东莞市发展和改革局	牡丹江市经济合作促进局
中山市发展和改革局	佳木斯市发展和改革委员会
江门市发展和改革局	七台河市发展和改革委员会
湛江市发展和改革局	绥化市发展和改革委员会
茂名市发展和改革局	伊春市发展和改革委员会
肇庆市发展和改革局	鸡西市发展和改革委员会
揭阳市发展和改革局	大兴安岭地区行政公署发展和改革委员会
中国（广东）自由贸易试验区广州南沙新区片区管理委员会	中国（黑龙江）自由贸易试验区绥芬河片区管理委员会
中国（广东）自由贸易试验区深圳前海蛇口片区管理委员会	中国（黑龙江）自由贸易试验区哈尔滨片区管理委员会
中国（广东）自由贸易试验区珠海横琴新区片区管理委员会	中国（黑龙江）自由贸易试验区黑河片区管理委员会

目　录

第三部分　地市篇

第四部分　案例篇

第五部分　政策篇

第六部分　资料篇

第一部分　总报告

广东省与黑龙江省对口合作 2022 年工作情况和 2023 年工作思路

广东省发展和改革委员会　黑龙江省发展和改革委员会

2022 年，广东省和黑龙江省坚持以习近平新时代中国特色社会主义思想为指导，深入贯彻党中央、国务院关于东北振兴的战略决策和两省省委、省政府工作部署，坚持"政府搭台、社会参与，优势互补、合作共赢，市场运作、法制保障"的原则，充分发挥两地互补优势，扎实推动年度重点工作落实，两省对口合作取得明显成效。

一、2022 年对口合作主要工作举措及成效

（一）坚持高站位，高位推动对口合作迈入新征程

1. 高位推进，组织领导坚强有力。广东省委、省政府高度重视与黑龙江的对口合作工作，把对口合作作为重点工作来谋划推动，并在广东省"十四五"经济社会发展规划中明确提出"进一步深化与黑龙江对口合作，扎实推进产业合作、合作园区建设和人才交流"目标要求。时任广东省委书记李希、广东省省长王伟中多次就粤黑合作作出批示、指示。广东省省长王伟中主持召开全省对口合作工作领导小组第五次会议，通报 2017～2020 年工作评估情况，总结 2021 年工作，研究部署新阶段工作；出席黑龙江省—广东省—俄罗斯哈巴罗夫斯克边区三方省州长会议，签署三方经贸合作意向书，联合推动落实中俄两国元首达成的共识。广东省常务副省长张虎组织召开专题会议，研究修改完善粤黑对口合作"十四五"实施方案。深圳市市长覃伟中带队赴哈尔滨市考察交流，两市联合召开深哈对口合作第七次联席会议，明确了下一步要做优做强深哈产业园区等 5 方面 27

项重点合作事项。

（二）注重统筹谋划，对口合作日臻规范有序

2. 统筹谋划，对口合作规范有序。在持续巩固两省对口合作阶段性成果的基础上，深入学习领会《国家发展改革委办公厅关于东北地区与东部地区部分省市对口合作工作阶段性工作评估情况的通知》精神，准确把握中央关于新一轮对口合作的总体要求，认真梳理总结上一阶段对口合作的成功经验和存在的不足，结合两省实际，广东省联合黑龙江省制定印发《黑龙江省与广东省对口合作"十四五"实施方案》，明确新阶段四大领域共22项重点合作任务。同时编制推进"十四五"实施方案工作台账，进一步明确结对各市和两省有关部门责任分工。两省联合制定印发《黑龙江省与广东省对口合作2022年工作要点》，指导开展全年工作。两省共同编辑出版《黑龙江省广东省对口合作工作报告（2021）》，总结推广好做法、好经验，营造良好舆论氛围。

（三）强化交流合作，经贸往来更加频繁

两省坚持以交流促发展、以合作促共赢，社会各界不断加强经贸对接，开展多种形式的交流合作活动。

3. 经贸交流活动持续深入。加强两省经贸合作交流，推动各类经贸交流活动深入开展。借助世界5G大会举办之机，支持黑龙江省工业和信息化厅在深圳市举办招商对接会，吸引珠三角地区近200家数字经济领域企业参会。支持七台河市在深圳市举办招商引资推介会，30多家商协会及企业代表参会。支持齐齐哈尔市在广州市设立招商中心，持续开展常态化工作对接，全年走访企业134个、商协会98家。

4. 对俄全领域合作蓬勃发展。借助三方各类平台，深化龙粤俄"两国三地"交流合作，构建三方协作新模式。举办黑龙江、广东—俄罗斯远东林业合作推介会及水产行业合作推介会和能源矿产对接会。广州市、齐齐哈尔市与俄罗斯乌法等4市联合举办"两国六城"市长线上会晤，签署六城合作意向书。汕头市、鹤岗市和比罗比詹市举行三方市长"云会晤"暨"我们的家园"中俄国际摄影作品交流展颁奖仪式。东莞—牡丹江—符拉迪沃斯托克、中山—佳木斯—阿穆尔共青城、珠海—黑河—布拉戈维申斯克、湛江—绥化—谢尔普霍夫等共同开展了形式多样的合作交流活动。

5. 合作层次不断深化拓展。积极拓展两省合作交流渠道，进一步提升交流合作水平。两省工商联交流联系更加紧密，广东省工商联领导率团赴黑龙江省对接交流，参加"2022全国工商联主席高端峰会暨全国优强民营企业助推黑龙江高质量发展大会"，并赴黑龙江省潮汕商会暨哈尔滨市广东商会看望在黑粤商。广州、深圳、汕头、东莞等市工商联与对口城市工商联签订战略合作协议，开展互访交流 28 次。加强两省智库间交流合作，围绕粤港澳大湾区与黑龙江经济发展合作等方面开展相关课题研究，探索对口合作领域相关对策建议。东莞市、茂名市积极推进县（市、区）结对交流。

（四）立足资源禀赋，重点产业合作扎实见效

坚持把产业合作作为对口合作的支撑点和着力点，发挥两省比较优势，深入发掘合作潜能，着力优化产业结构，推动高质量发展。

6. 农业领域合作稳中有进。实现两省农业优势资源对接合作，推动一批农业项目落地并取得实效。两省签署《"南品北上，北品南下"省际农业合作框架协议》，组织广东省和东南亚国家农业企业参加"绿博会"和"东盟使节龙江线上行"活动，签约合作项目 25 个，计划投资 8.9 亿元。徐闻"南极村"与漠河"北红村"联合开展优质农产品营销云直播，创立跨地区农产品销售新模式。佛山市与双鸭山市合作的双鸭山高效钾肥年产 8 万吨三期项目如期竣工投产。哈尔滨市 9 家企业的 15 个绿色农产品被纳入"圳品"认证体系，从而进入深圳市场。湛江市与绥化市合作实施"稻—稻—薯"种植项目，年种植面积预计达 1600 亩。

7. 粮食领域合作务实深入。巩固粮食合作长效机制，夯实粮食产销和储备工作。两省粮食和储备部门共同举办金秋"粮食交易暨产业合作洽谈会"，广东省 45 家企业及粮食和储备部门 170 余名代表参加。"龙粮入粤"规模每年稳定在 600 万吨左右。广东省在黑龙江省异地储备规模 48.9 万吨，占广东省异地储备规模的 90%。"黑龙江好粮油"营销项目落地实施，广州、汕头、佛山、东莞、惠州、肇庆等市积极开展"黑龙江省好粮油进广东"等营销活动。粤港澳大湾区全年采购齐齐哈尔市粮食 28.26 万吨。珠海粤淇食品公司与黑河绿农集团签订购买 2 万吨大豆意向书，搭建黑河至大湾区大豆产销链。

8. 文旅健康产业合作深入拓展。两省深度挖掘文化旅游、医疗康养等方面资源，持续释放互补互促合作潜能。文化旅游方面，继续实施"南来北往，寒来暑往"省际旅游工程，旅游客源互送人数超过 300 万人。广东广播电视台推出"冰雪欢乐颂""觅雪冰城"等特色旅游线路产品，在各大合作旅行社进行销售。利用广东国际旅游产业博览会、深圳"文博会"和"哈洽会"、黑龙江"文博会"等展会平台，宣传展示两省文化旅游资源及文旅投融资项目，推动客源互送。2022 年文化旅游产业供需对接会推介黑龙江省文化旅游项目 50 个，投资总额达 135.78 亿元。广东广播电视台与黑龙江都市频道合作建立优秀文化资源共享机制，通过广东广播电视台《一起旅游吧》栏目进行宣传和推广。医疗康养方面，南方医科大学南方医院接收齐齐哈尔市 10 位临床骨干医生进修学习，将"羊城"的新技术带到"鹤城"。截至 2022 年末，已有 10 项新技术应用于临床。广州市福利协会、养老产业协会与齐齐哈尔市养老产业创新联盟合作打造"候鸟式"异地养老游目的地，每年可为赴齐旅居康养人员提供 2000 余张床位。

9. 装备制造领域合作成果逐步显现。充分发挥广东省开放型经济和市场发展优势，对接黑龙江省装备制造能力优势，带动产用结合、产需对接和产业链上下游整合。深圳市与哈尔滨市积极推动哈电集团与中广核集团在核电装备制造领域开展合作，哈电集团电机厂累计为广东省提供了 110 台发电机组，其中，阳江、深圳市抽蓄机组等大型装备的关键性能指标达到国际先进水平。黄埔文冲船舶与中国一重合作的"船用高硬可焊特种钢研制"项目、广州数控与齐重数控合作的"重型数控机床系统国产化"项目，致力于在数控机床、造船等重点行业进行规模化应用，解决国外技术"卡脖子"问题。哈工大机器人集团与哈尔滨工业大学合作的中山市超导腔制造项目，拟打造成为国内首家、国际前列的高端集成装备的制造中心，预计建成后年产值达 4 亿元。华南理工大学与建龙北满合作的"高品质模具钢关键技术研发及应用研究"项目，已实现供货 153 吨，产品实物质量达到北美压铸协会标准要求。

10. 新兴产业合作不断走实。把握战略性新兴产业发展趋势、国家战略和市场需求，推动两省战略性新兴产业深度合作。华为公司与黑龙江省政府签订战略合作框架协议，推动"一总部（华为黑龙江区域总部）、双中心（华为鲲鹏生态中心、昇腾人工智能算力中心）"建设，为华为公司集聚更多配套、服务、支撑的多领域软硬件企业。中兴通讯与哈工投集团签署战略合作协议，共同推动 5G、云计算、人工智能等方面的深度融合。肇庆星湖科技和绥化肇东市投资合作"核苷、核苷酸类产品生物制造关键技术及产业化"项目，其核苷酸生产能力跃居世界第二位，年内实现销售收入 6.15 亿元。华润集团在佳木斯市投资的 3 个清洁能源项目和华润三九中医药产业项目开工建设，总投资额达 39 亿元。

11. 生产性服务产业合作深度融合。两省在证券、基金、仓储物流等生产性服务业领域深度合作，为两省实体经济发展提供支撑。金融方面，推动黑龙江省企业在深交所上市，森鹰窗业首发募集资金净额为 8.24 亿元。深创投与哈市创投集团合作设立黑龙江红土基金两期，总规模 4 亿元，目前正推动设立总规模 5 亿元的第三期基金。惠州市通过开展"租赁+银行""保理+银行"等业务合作，吸引粤港澳大湾区金融资本进入大庆，累计租赁、保理融资超 3 亿元。仓储物流方面，东莞东迅物流与绥芬河海铁联捷国际货运代理有限公司合作开展木材多式联运服务。揭阳市推动大兴安岭地区企业加入普宁市电子商务行业协会，加快两地电商物流企业融合发展。

（五）突出科技引领，创新创业水平明显提升

12. 科创成果转化持续推进。依托两省优势科研力量，推动跨区域科研成果转化。粤港澳大湾区金属新材料产业联盟与齐齐哈尔市科技局谋划启动"南北互动支撑东北振兴科技合作行动"。东莞市结合自身发展实际，协助牡丹江市备案省级科技企业孵化器、众创空间达 18 家。中山市助力佳木斯双创基地累计孵化企业 89 家。中国科技开发院佛山分院与双鸭山市合作共建的科技创新孵化器项目投入运营，孵化企业达 41 家。哈工大机器人集团中山双创基地引进"哈尔滨工业大学超精密仪器技术及智能化实验室""特种环境复合材料技术实验室"2 个国家级重点实验室，建成"精密仪器工程研究所"等 5 个研究所。

13. 科研项目合作成果显著。积极谋划，共同开展科研攻关。齐齐哈尔市第一医院借助与南方医科大学的院校合作平台，获批 5 个省自然科学基金项目。中国一重和齐重数控研发的五轴联动数控系统、重型机床装备等创新需求被纳入 2023 年广东省科技厅高端装备制造重大专项指南论证范围。哈工大机器人集团中山双创基地与广东艾默森科技共建"高温耐火材料联合实验室"，与中山市达尔科光学科技共建"智慧照明联合实验室"，2022 年该基地获授权专利 30 项。

14. 高校院所交流合作持续深入。两省高校和科研院所间深化交流，在学科共建、资源共享和学生联合培养等方面继续加强合作。两省合作开发立体化教材 1 部，共建国家级教学资源库 1 个，联合申报课题 1 项。积极发挥龙粤职业教育协同发展联盟的作用，广东科学技术职业学院与黑龙江旅游职业技术学院举办第三届职教实验班，录取新生 200 名。顺德职业技术学院联合协作院校举办"尚贤讲堂"等培训班，培训黑龙江省教师 116 人次。开展中俄国际教育交流，支持深圳北理莫斯科大学参加中俄合作办学高校联盟，组织高职院校参加"2022（俄罗斯）金砖+欧亚技能远程国际赛"。华为公司与哈尔滨工业大学、哈尔滨工程大学在基础科研领域投入科研合作资金超亿元，建立产教融合协同育人基地，开设研修课程 34 门，超 1.4 万人次选修。

（六）持续互学互鉴，合作借鉴作用日趋展现

15. 深化改革经验交流。重点推进与黑龙江省在政务服务能力提升、商事制度改革、社会信用体系建设等领域的合作。广东省的 39 项改革创新举措在黑龙江省予以推广。广东省住房城乡建设厅协助黑龙江省拓展优化住建行业政务信息系统功能，实现黑龙江省住建政务服务管理信息系统中 45 项省级政务服务事项、13 项公共服务事项 100%网上全流程办理。广州市支持齐齐哈尔市推广数字政府建设做法，通过推进政务服务"一网通办"、建立企业需求服务中心实现政务服务"跨省通办"。佛山市助力双鸭山市深化"综合窗"改革，市政务服务中心进驻政务服务事项累计 1429 项。江门市协助七台河市采购"粤智助"政务服务自助终端设备 180 台。肇庆市借鉴鸡西市设立登记办事环节"审核合一"简化审批流程，共促营商环境优化提升。

16. 人才交流合作不断走深。深化两省人才合作交流，有效促进观念理念互学互鉴。2022年广东省接收黑龙江省62名干部开展为期6个月的跟岗锻炼，其中，厅局级干部16名，处级干部46名。两省省委编办围绕探索统筹使用编制资源进行相互学习借鉴，调整优化市县编制总量管理方式，不断提升编制资源使用效益。举办3期国家级高级研修项目培训班，培训黑龙江省高层次专业技术人才9人次。深圳市举办"哈尔滨市国有企业改革创新"专题培训班，就"深圳国资国企改革创新探索与实践""国企混改背景下企业中长期激励政策与工具案例"等专题深入探讨，哈尔滨市直机关、市属国企共50人参加。江门市选派5名业务骨干进驻七台河市，协助参与七台河市江河园区建设、招商引资等，提升园区建设水平。

（七）坚持平台共建，合作示范效应带动明显

17. 园区合作共建扎实推进。把产业园区合作共建作为重要抓手，加强两省在园区规划、建设、运营、管理等方面全方位合作。深圳市与哈尔滨市共建深圳（哈尔滨）产业园，园区累计注册企业493家，华为"一总部双中心"、哈工大人工智能研究院、国家工业互联网中心等45家企业落户园区，成为哈尔滨新区产业发展的新引擎。江门市与七台河市共建的江河产业园升级为省级化工园区。东莞市与牡丹江市共建牡莞智能家居产业园、穆棱市境外木业加工园等一批国内国外合作园区，每月木材回运量达6列300多个标准箱。

18. 自贸区合作成果明显。两省3对自贸片区强化对接，围绕推进改革创新经验复制推广、人才交流合作机制等方面开展合作。广东省帮助黑龙江省复制推广自贸区创新成果和试点经验共计585项，其中，哈尔滨自贸片区224项、黑河自贸片区162项、绥芬河自贸片区199项。珠海横琴自贸片区与黑河自贸片区联合设立创新发展研究院，开展自贸区创新发展研究，全面提升自贸区建设和管理水平。

二、2023年工作思路

深入学习贯彻党的二十大精神，以党中央对口合作战略为指引，深入推进东北振兴与粤港澳大湾区建设等国家重大战略对接，坚持紧盯"十四五"对口合作实施方案重点工作，深层次、多渠道、宽领域推进广东省与黑龙江省对口合作，推动两省新一轮对口合作再上新台阶。2023 年两省对口合作工作重点安排如下：

（一）持续优化对口合作工作推进机制

加强领导小组成员单位协同配合，深入拓展城市间合作，巩固深化结对城市合作成果，鼓励非结对地市间开展合作。坚持落实领导小组工作会议、工作台账管理、对接协调和经常性工作会商等制度，加强高层考察对接和部门、地市交流互访，压实抓牢两省年度重点工作任务，形成更大工作合力推动对口合作开展。进一步完善项目推进协调机制和督导机制，大力推动两省领导见证签约的合作重点项目建设。

（二）持续强化体制机制改革创新方面交流互鉴

两省加强在放管服改革、数字政府、营商环境等方面的经验交流，推动创新经验双向输出和成果利用，助力黑龙江优化政府服务和营商环境。支持广东省有实力的企业参与黑龙江省的国有企业、金融、农业农村等领域改革。优化两省干部人才交流培训机制，举办高层次人才国情研修班、产学研交流合作活动，开展"点对点"式学习交流活动。

（三）持续拓展产业合作规模层次

深化粮食、农业、先进制造业、文旅等重点领域的合作，强化数字经济、生物经济、冰雪经济和创意设计等领域的合作，进一步提升产业合作水平。推动中山市超导腔制造、双鸭山市高效钾肥等重点合作项目建成投产。探索智慧农业方面的合作。推动无人机、数控、制造加工等装备制造领域重点项目的建设。大力拓展文化、旅游、健康等产业合作，深化两省客源互送共享机制，满足居民消费需求。

（四）持续促进科技成果转化

结合广东省市场、资金、信息、产业、成果转化优势和黑龙江省科教优势，引导两地高校、科研院所及相关企业深化创新合作，在实验室建设、大科学装置共享、关键核心技术攻关、创新人才培育等领域加大合作力度，促进跨区域科研和成果转化，携手增强产业链、供应链自主可控能力。

（五）持续深化合作平台载体建设

重点推动深哈产业园、江河经济开发区等合作园区加快建设，发挥深哈产业园示范引领作用，创新园区共建管理体制和运行机制，促进产业对接互补与集聚发展。指导各市因地制宜设立优势互补、互为配套、互利共赢的合作园区等平台载体。进一步深化自贸区合作，深入推广自贸区发展理念、政策创新、经营管理等先进经验，推动自贸区高质量发展。

（六）持续扩大对内对外开放

抓住黑龙江省"中蒙俄经济走廊"建设与广东省推进粤港澳大湾区、深圳中国特色社会主义先行示范区及珠海横琴、深圳前海、广州南沙三大重点合作平台建设的重大战略机遇，利用中俄三方省州长会晤机制、"中俄博览会"、"广交会"、"哈洽会"等各类渠道，联手开拓俄罗斯、东北亚、港澳等市场，为俄罗斯特色商品和黑龙江省木材、农产品、中药材南下出海，广东省轻工、机电产品北上出境提供高效便捷通道，携手推进对内对外开放取得更大成效。

（撰稿人：冯光其、王希君）

第二部分　领域篇

第一章　行政管理体制改革对口合作

中共广东省委机构编制委员会办公室

中共黑龙江省委机构编制委员会办公室

2022 年，广东省委编办、黑龙江省委编办坚持以习近平新时代中国特色社会主义思想为指导，全面贯彻落实党的二十大精神，根据对口合作框架协议和 2022 年工作要点，结合部门职责，围绕优化机构职能体系、深化事业单位改革、推进重点领域改革、创新机构编制管理等工作积极开展对口合作，通过多种方式加强沟通交流、强化信息共享、深入互学互鉴，推动各项工作迈上新台阶、取得新成效。

一、2022 年对口合作工作情况

（一）进一步巩固深化机构改革成果，党政机构职能体系更加健全完善

广东省委编办以坚持和加强党的全面领导为统领，以推进机构职能体系优化协同高效为着力点，把机构职责调整优化同健全完善制度机制有机统一起来，不断巩固改革成果，持续提升改革成效。一是持续健全、完善、加强党的全面领导体制机制。优化调整全民国防教育、省委保密委等省级议事协调机构。调整完善省委组织部、省委统战部、省委网信办职能配置和有关内设机构职责，加强干部考核、"两新"组织党建以及省委统一战线工作领导小组办公室工作力量，完善网络综合治理体系建设。积极推进党委国家安全机构编制队伍建设。二是不断优化完善政府机构职能体系和管理运行机制。优化省财政厅数字财政工作体系、省水利厅河湖长制工作机构设置、省能源局现代能源体系机构设置，厘清党委军民融合办、住房城乡建设部门人防工程有关职责边界。成立省金融风险化解委员会，

在省地方金融监管局增设地方金融稳定处。研究完善省乡村振兴局机构职能，健全市县乡村振兴、粮食储备管理机构设置。三是全面巩固深化乡镇街道体制改革。制定《关于完善乡镇街道指挥协调机制 促进基层共建共治共享的若干意见》，指导各地建立健全乡镇街道统一指挥协调工作平台，着力增强乡镇街道党（工）委领导统筹能力。全面开展深化乡镇街道体制改革成效评估，形成《广东省乡镇街道体制改革评估报告》，评估显示基层干部、群众、法人对改革总体的满意度超过 95%。四是继续推进人大、政协和群团机关改革。落实中央关于新时代加强和改进人大工作的意见精神，积极研究规范设置省人大常委会工作机构相关事宜。持续推进群团机关改革，研究制定省社科联"三定"规定。

黑龙江省委编办紧扣推动龙江振兴发展和现代化强省建设需要，持续巩固深化机构改革成果，促进机构职能运转更加协调顺畅，推动党的全面领导体制机制更加健全完善。一是加强党的全面领导。从机构设置和职能配置上把加强党的领导落实到各领域、各方面、各环节，研究健全省委组织部"两新"工委工作力量，设立省委非公有制经济组织和社会组织工作委员会办公室。研究加强省委网信办职能配置并优化内设机构设置，进一步理顺网络安全执法体制。优化调整省委统战部、省直机关工委内设机构设置。二是做好机构改革"后半篇文章"。扎实开展机构改革实施情况"回头看"，修订省粮食和物资储备局"三定"规定，研究省人大代表、省政协委员联络工作机构建设，研究制定省工商联、省台联、省对外友协等群团机关"三定"规定。三是完成机构编制执行情况和使用效益评估试点工作。统筹协调全省 28 家单位开展试点，通过组建专班、实地评估等方式，高质量完成中央编办部署的评估试点专项攻坚，中国机构编制网刊发经验做法。四是创新基层管理体制改革。全面高质量完成乡镇街道职责清单建设工作，将其作为省委编委领导同志包联工作高位推进，坚持试点先行，扎实部署推进试点工作，在完成试点任务的基础上，在全省范围推广，乡镇街道全部形成"一乡一单、一街一单"，有关经验做法相继在《人民日报（内参）》《人民日报》刊发。

（二）坚持用心用情服务保障民生事业，公益服务更加精准扎实

广东省委编办围绕加强党的领导、优化布局结构、健全制度机制等工作目标，突出强化事业单位的公益属性和公共服务的均衡性、可及性，有序深化事业单位改革试点，积极创新优化事业单位管理方式，有力推动公益服务能力水平不断提升。一是有序深化事业单位改革。全面系统总结、深化事业单位改革试点工作，形成的总结报告按程序报中央编办。稳步推进省属国有林场和省级自然保护区、地质勘查系统事业单位改革，有序推进省检验检测系统事业单位转企改制，圆满完成 8 家经营类、公益三类事业单位改革收尾工作。二是不断优化事业单位管理。加强党对事业单位的领导，补足配齐省直有关事业单位

领导职数。进一步调整优化事业单位布局结构，设立广州国家版本馆，调整优化省航道事务中心所属事业单位设置模式。依法依规开展事业单位登记和机关群团赋码，推进新型研发机构登记设立，建立健全部门间联动监管工作机制。三是加强医疗教育领域机构编制保障。严格落实省级统筹周转空编制度，督促各地将核增的周转编制资源足额分配下达到中小学，推动建立中小学教职工编制达标长效机制。落实省市共建高校体制调整工作部署，印发实施广东石油化工学院等5所高校"三定"规定。办理广东外语外贸大学等省属高校内设机构和领导职数调整事宜。推动落实省第二中医院（省中医药工程技术研究院）经费自理事业编制等额调整为财政补助二类事业编制。落实省直高层次人才专项事业编制保障管理办法，2022年累计下达高层次人才专项事业编制109名，收回离岗人员原使用的高层次人才专项事业编制6名。

黑龙江省委编办坚持问题导向，强化系统思维，精准分类施策，不断创新思路和举措，着力优化事业单位布局结构和编制资源配置，有力推动全省公益事业平衡、充分、高质量发展。一是完成全省深化事业单位改革试点"回头看"。实地调研了解新整合组建事业单位"四个到位"情况和机构整合、职责融合、业务运行情况，以及相关试点单位"三个抓手"运行和发挥作用情况，及时发现和解决改革后续存在的问题，巩固深化事业单位改革试点成果，评估总结报告已呈报中央编办。二是创新事业单位机构编制管理。从省本级预留事业编制中单列11500名，分类建立省属高校、公立医院、科研院所三个事业编制"周转池"，指导市县建立事业编制"周转池"，为重点领域和满编事业单位引进紧缺人才提供编制保障，有关举措纳入省委、省政府《新时代龙江人才振兴60条》等政策文件。三是促进公益事业健康发展。支持保障省纪委派驻省属高校纪检监察体制改革试点工作和国家区域医疗中心项目医院建设，重新制定省委奋斗杂志社、省社科院"三定"规定，研究提出省供销社职责调整工作意见。探索创新"日常监管+随机抽查"的常态化监管方式，督促事业单位履行公益职能。

（三）扎实推进重点领域改革管理工作，为相关工作提供坚实体制机制保障

广东省委编办紧扣国家重大平台建设、优化开发机构编制等重点工作，积极主动作为，狠抓工作落实，不折不扣贯彻党中央决策部署，助力广东加快实现高质量发展。一是积极服务"双区"和横琴、前海、南沙等国家重大平台建设。密切跟踪并认真研究解决横琴粤澳深度合作区遇到的相关问题，为合作区建设稳健起步提供体制机制保障。及时研究办理合作区法院、检察院、公安局有关机构编制事项，积极支持深圳前海开展经济区与行政区适度分离的管理体制机制探索，加大广州南沙有关法定机构设置模式的研究论证。二是着眼地方经济发展"新引擎"，优化开发区机构编制设置。制定《广东省开发区机构

设置和编制管理办法（试行）》，对全省开发区管理机构有关机构编制事项进行全面规范，大力优化开发区机构职能体系。调整优化东莞松山湖等开发区机构设置，调整优化广清经济特别合作区、深汕特别合作区管理体制机制。选取 4 个开发区分别在优化营商环境等 4 个方面开展试点。三是稳步推进国防动员体制改革。与省委改革办、省军区共同制定改革实施方案，向中央编办上报调整组建省本级和广州市、深圳市国防动员机构事宜，完成省国防动员办"三定"规定审核工作，研究办理其他 19 个地市调整及组建市人民政府国防动员办公室事宜。四是推进政法领域改革有关工作。做好行政复议体制改革涉及的编制调整工作。推进司法体制综合配套改革有关工作，完成铁路运输检察院内设机构改革，协同推动跨行政区划检察改革。研究加强法院系统未成年人和环境资源审判机构建设，调整优化有关地市法院、检察院内设机构设置。五是稳慎推进疾病预防控制体系改革。与省卫生健康委等有关部门共同研究省疾病预防控制局组建实施方案，印发《关于稳慎推进市县疾病预防控制体系改革的通知》，批复珠海市等 21 个地市卫生健康局加挂市疾病预防控制局牌子，有力有序推进改革各项工作。六是加强文物保护机构职能体系建设。落实中央编办关于加强文物保护和考古工作编制保障的工作要求，印发实施方案并推动落实。

黑龙江省委编办聚焦党中央决策部署和省委工作安排，主动对标对表，强化责任担当，积极推进重点领域和关键环节改革发展，助力实现黑龙江全面振兴全方位振兴。一是持续深化综合行政执法改革。推进城管、农业、交通、文化、市场监管、生态环保、应急等领域综合行政执法体制改革，整合执法职责，归并执法队伍，减少执法层级，提升执法效能。推进乡镇街道"一支队伍管执法"。二是协同推进科技管理体制改革。参与国家实验室建设方案制定工作，推动政府科技管理职能转变和基础研究领域管理体制机制创新。优化科技厅内设机构设置和职能配置。三是完善市场监管领域体制机制。参与研究制定《黑龙江省强化反垄断深入推进公平竞争政策实施的具体措施》，持续优化完善市场监管机构职责，推动反垄断监管优化协同高效。四是积极推进疾控体系改革。及时跟进上级部署，平稳有序推进疾控机构改革有关工作，向中央编办报送相关机构设置和编制配备情况，完成疾控体系改革涉及机构编制前期准备工作。五是健全国家安全体制机制。印发全省党委国家安全机构编制队伍建设实施方案，完成省级国安机构职责调整，全省实现国家安全机构、反恐怖机构等全覆盖。六是圆满完成国防动员改革。完成全省国防动员机构设置、省国动办"三定"规定拟订以及相关部门职责和机构调整等工作，组织各级编办开展国防动员改革专题培训活动。七是加强文物保护和考古工作机构编制保障。制定印发《关于加强全省文物保护和考古工作机构编制保障的实施方案》，调整省文旅厅（省文物管理局）"三定"规定，提出加强省文物考古研究所编制保障意见。八是统筹推进其他改革工作。积极推进粮食安全和物资储备管理体制改革相关工作，完善各级物资储备体制机制。配合推进政法领域改革，全面完成行政复议体制改革编制置换工作。研究完成司法行政系统 289 名政法专项编制向基层的统筹调配。适应新时代审判工作需要，调整优化基层法院内设机构设置。加强邮政业安全监管服务保障支撑体系建设和党政专用通信工作机构建设。研究提出黑瞎子岛开发和建设委员会机构设置意见。

（四）注重机构编制改革研究和管理创新，机构编制工作效能不断提升

广东省委编办聚焦推动新时代机构编制工作高质量发展目标，深入开展各项改革研究，不断优化机构编制管理和监督方式，大力加强对重点工作的研究深度和保障力度，持续提升机构编制工作科学化、规范化、精细化水平。一是认真开展改革研究工作。开展事业单位改革与管理、规范编外人员管理等 19 项改革研究，并积极转化为工作思路、政策措施。完成"编制的本质、功能和分类研究"课题，获中央编办肯定。根据中央编办委托，研究形成机构改革评估指标体系、参考模板及相关报告并及时上报。二是扎实做好统筹使用各类编制资源工作。认真贯彻落实中央编办关于统筹使用各类编制资源有关工作部署，研究制定细化落实措施，指导有关地市和基层扎实开展试点探索，推动提高资源使用整体效益。三是狠抓机构编制工作规范化建设。制定完善事业单位章程管理指导意见、省级议事协调机构和专项工作协调机制规范管理措施、机构编制事项审核工作办法等一系列规范性文件和管理办法，不断提升机构编制规范化水平。四是严肃机构编制纪律。强化机构编制监督检查，严密组织全省第二次机构编制核查，提醒省直部门纠正涉"条条干预"问题 6 起，向中央编办反映国家机关涉"条条干预"问题线索 1 起。五是强化机构编制绩效管理。继续承担中央编办机构编制执行情况和使用效益评估试点工作，探索形成"三个三"的全链条评估模式，深入评价试点单位履职尽责及相关效益、"三定"规定执行等方面的情况，获中央编办充分肯定。六是大力推进"数字编办"建设。新建党政内网，全面建成集办文、督办、考核于一体的办公自动化系统。完成省、市、县三级实名制数据的内外网汇聚。与省财政厅签署《数据共享合作备忘录》并实现数据对接，同时汇聚各单位行业数据或相关业务数据，实现多维度业务数据分析和趋势预测等，为机构编制工作提供数据支持和决策服务。

黑龙江省委编办立足新时代机构编制工作职责使命，持续深化能力建设，不断提升机构编制工作科学化、规范化、法治化水平，更好地服务保障全省振兴发展大局。一是持续推进机构编制法定化。以省委文件印发《黑龙江省机构编制工作规定》，为构建全省机构编制"1+X"法规制度体系立柱架梁，并在《黑龙江日报》刊发省委编办负责人答记者问。举办全省机构编制业务专题培训班，创建"黑龙江机构编制"微信公众号，设立专栏宣传宣讲、解读阐释《中国共产党机构编制工作条例》等机构编制法规制度，不断提升学习培训宣传质效。开展"立改废释"，全面清理 2011 年以来全省现行机构编制规范性文件近 4000 份，组织编印 450 余万字的《机构编制工作文件选编（2011—2021）》。二是推动机构编制资源集约高效利用。研究提出调整优化市县编制管理方式的意见，制定出台基层事业单位"县编乡用、乡编村用"工作意见，各地分 21 批次使用事业编制周转池 1513 名，推动编制资源向基层一线倾斜。为省委组织部等 30 家单位划转、周转编制 94 名。配合义务教育"双减"工作，加大中小学校教职工编制保障力度，圆满完成省、市、县三级全面达标的任务。三是加大机构编制监督检查力度。注重政治监督，严肃查处个别单位干预地方机构编制事项等问题，对全省机构编制信访举报工作进行通报，联合省巡视办、省营商局建立健全监督检查协作配合机制。将机构编制纪律执行情况纳入各市地年度目标考评，统筹组织开展机构编制全口径综合督查，进一步强化机构编制纪律刚性约束。四是高标准建设"智慧编办"。对"黑龙江省机构编制网络管理平台"进行全面升级，推动机构编制管理工作进一步高质量发展，实现机构编制业务的全覆盖和数据由扁平向立体、静态向动态的根本性转变。

二、2023 年对口合作计划

（一）不断健全党对重大工作领导的体制机制

就如何进一步健全完善党对重大工作领导的体制、运行机制等进行交流研讨和学习互鉴，切实把加强党的全面领导落实到相关工作的全过程、各方面。

（二）与时俱进深化机构改革

就如何与时俱进深化机构改革、持续优化机构职能体系等工作进行交流研讨和学习互鉴，不断深化事业单位改革，有序推进国防动员、疾控体系改革，优化乡村振兴、生态环保、科技管理等方面的体制机制和机构职能配置，完善综合行政执法相关协作配合机制。

（三）加强重点领域机构编制保障力度

就如何更好提升编制资源使用效益、加强重点领域机构编制保障力度进行交流研讨和学习互鉴，持续推动机构编制资源向教育、医疗卫生、文化、生态环保等重点民生领域和基层一线倾斜，不断提升高层次人才编制保障水平。

（四）进一步推进机构编制法治化建设

就如何加快推进机构编制法治化建设进行交流研讨和学习互鉴，研究制定或完善相关领域机构编制标准、机构编制管理办法、工作规定等规范性文件，不断提升机构编制法治化水平。

（撰稿人：谢长虎、武文斌）

第二章　国有企业改革对口合作

广东省人民政府国有资产监督管理委员会

黑龙江省人民政府国有资产监督管理委员会

2022 年，广东省、黑龙江省国资委及省属国有企业秉持平等互利、合作共赢的精神，立足两省经济实际，按照两省对口合作总体战略部署，积极创新合作机制，加快推进相关项目落地，进一步提升两省在科技创新、先进制造业、现代农业、新能源开发等重点领域的合作水平，全力推动对口合作取得重要成果。

一、积极克服新冠肺炎疫情影响，全力推动双方对口合作

两省国资委高度重视对口合作工作，面对 2022 年新冠肺炎疫情的严重影响，指导省属国有企业想方设法，不断巩固和提升现有合作成果，深入推进产业项目及高水平区域合作，实现龙粤两省国资国企互利共赢、共同发展。双方围绕对口合作这一重要政治任务形成合力，推动更多产业合作项目落地见效，形成了一套灵活高效的合作协调机制，升级打造了一批产业合作典范，产生了一批新的产业合作项目，造就了一批重要合作成果。广东省能源集团、广新控股集团、广物控股集团、建工集团、粤海控股集团、交易控股集团 6 家广东省属企业在黑龙江省投资兴业，大力发展产业项目，在光伏风电新能源、生物发酵、高标准农田建设、水资源开发利用、产权交易平台建设等合作领域取得了显著成效。黑龙江省属企业龙江森工集团、省建投集团、农投集团、交易集团等与广东省国有企业、民营企业开展多领域合作，推动两省对口合作走深走实。中国龙江森林工业集团与深圳市丰农控股公司在农业社会化服务（农业土地托管）方面深入开展合作，双方在国际绿色食品产业博览会上成功签署战略协议，推动打造以数字化农业为核心，具有黑龙江农业生

产托管特色的农业社会化服务及数字化农服产业园，意向金额 5 亿元。选取黑龙江省绥棱林业局作为试点，开展前期调研及项目实施方案制定工作。黑龙江省建设投资集团权属龙建路桥股份有限公司与广东省雷州市基础设施建设投资集团签署战略合作框架协议，在基础设施工程建设等领域开展投资、建设、运维管理合作。

二、巩固拓展现有合作成果，推动产业合作高质量发展

广东省广新控股集团下属的星湖科技在黑龙江省开展的"肇东核苷、核苷酸类产品生物制造关键技术及产业化项目"（以下简称肇东项目），是《黑龙江省与广东省对口合作 2020 年重点工作计划》中的重点项目之一。项目于 2019 年 7 月正式启动建设，2021 年 5 月全面达标生产，呈味核苷酸二钠（I 加 G）产品成功上市。2022 年 1~9 月，实现销售额 5.03 亿元、利润 9761 万元。肇东项目自建设以来已招聘员工 550 人，对促进当地就业和社会稳定有一定的积极作用。同时，项目已形成多项自主知识产权核心技术，基于项目组建的企业技术中心被黑龙江省工业和信息化厅认定为 2021 年度黑龙江省企业技术中心，企业被评为黑龙江省"专精特新"企业、制造业单项冠军。粤海控股集团下属的粤海水务在 2020 年 7 月以 6922 万元的出资实现对哈尔滨工业大学水资源国家工程研究中心有限公司（以下简称国家水中心）的控股，从而获得城市水资源开发利用（北方）国家工程研究中心。2022 年，粤海控股集团以国家水中心为载体，发挥龙粤两省优势，持续推进城市水资源开发利用（北方）国家工程研究中心建设，加快国家级科研平台发展步伐。一是聚焦水务行业关键核心技术，围绕低碳水处理技术等方向设立六大研究专题，组织实施了"粤海水务—哈尔滨工业大学联合揭榜项目"。二是探索实施研究所模式，建立研究所运行机制，引进高水平人才和团队，加强两省科研交流合作，推动关键共性技术攻关和科技成果转化应用。在膜法水处理技术、供水管网技术等方向成立 10 个研究所。三是以国家水中心为平台，与哈尔滨工业大学共同协办了"第十一届全国环境化学大会"和"2022 给水大会（第八届）"，加强技术交流合作。四是借助粤海水务行业影响力，开展龙粤两省业务合作。在黑龙江省拜泉县、塔河县，广东省开平市、云安市等地开展水务项目工程设计；在广东省信宜市、阳江市等地示范应用农村一体化供水、超高压板框压滤等环保装备；结合广东省罗定市、梅州市等地生产需求，提供供水管网控漏技术服务。五是搭建校企合作共享平台，提升国家级平台实力，申获黑龙江省"专精特新"企业及技术创新示范企业称号。

黑龙江省交通投资集团与深圳市万科物流管理有限公司合资成立了黑龙江交投万纬企业管理有限责任公司，首期实缴资本共700万元。双方结合物流枢纽的规划建设、物流项目运营服务等方面优势，在黑龙江省物流枢纽骨干网的投资建设、物流和冷链运营体系搭建、冷链园区仓配一体化业务等方面开展合作。已完成团队建设工作，首批2个物流园区已委托该公司进行运营管理。

三、依托两省产业优势，加快推进产业合作实现优势互补

两省国有企业实施精准对接、精准合作，运用市场化、资本化等手段，积极开发新产业项目合作。广东省能源集团深入挖掘黑龙江省风光电能资源，积极落实企业战略合作框架协议，拟投资36亿元建设黑龙江省甘南县40万千瓦风电项目；拟与北大荒农垦集团有限公司红兴隆分公司合作，投资10亿元建设黑龙江省红兴隆"新能源+农业"项目。广东省建工集团主动对接黑龙江省建投集团寻求合作机会，在重大项目和投建营全过程建设等领域开展合作，承接了北安市高标准农田建设项目和阿什河污水处理厂配套工程项目，合同金额分别为6899万元、1901万元。广东省广新控股集团于2021年11月收购宁夏伊品生物及其控股子公司黑龙江伊品生物科技有限公司。2022年1～6月，黑龙江伊品公司实现营业收入22.23亿元，实现利润总额3.22亿元，净利润为2.74亿元，较上年同期大幅上涨。集团将持续加大对黑龙江伊品公司的投资力度，未来项目全部投产达效后，年销售收入将达到70亿元，安置就业人员约2000人，推动伊品公司成为全球领先的营养健康解决方案服务商，为助力大庆市经济发展及振兴龙江经济作出积极贡献。广东省交易控股集团于2021年9月与黑龙江省产权交易集团签署战略合作协议，南北呼应、携手共建产权交易资本市场和各类资源要素交易市场。2022年，在共建国有资产交易信息对接和实施平台及龙粤国资国企数字化转型服务平台方面开展深度合作，2021年9月以来，受让方属地为黑龙江省的资产转让类业务23宗，成交金额111.44万元，其中，2022年成交项目19宗，成交金额98万元；双方共同研究拟制《"粤资汇"财资管理系统输出服务合作协议》，并开展项目实效论证。黑龙江省农投集团与广东省储备粮管理总公司在巩固现有粮食对口合作成果的基础上，推动两省粮食产销区对口合作再上新台阶。农投集团权属企业黑龙江农投食品集团与总公司权属企业顺德直属库开展"黑龙江好粮油"广东省市场渠道项目合作，总投资1400万元，建设年加工3万吨大米的自动分装分拣线、质量检测中心及配套设施，该项目已于2022年8月通过佛山市食药监局审定并发放食品生产许

可证，顺利投产运营。

四、下一步工作

（一）贯彻落实两省对口合作总体部署

坚决贯彻落实两省对口合作总体部署，按照两省国资委《战略合作协议》的相关内容，继续完善对口合作协调机制，选准切入点和着力点，深挖双方合作潜力，持续引导双方省属企业开展多种形式的交流合作，推动更多相关产业项目在黑龙江省落地生根。

（二）强化对口合作的支持力度，复制推广产业合作经验

一是密切关注广新控股集团所属星湖科技肇东项目和黑龙江伊品生物公司建设运营情况，争取把肇东项目和黑龙江伊品生物公司建成高标准、高质量的对口合作示范性工程，为当地经济发展作出新的更大贡献。二是持续跟进已签订战略合作框架协议的对口合作项目的推进情况，做好牵引协调服务工作，加快推动项目落地见效，争取龙粤合作再结硕果。三是发挥好两省国资委的平台作用，引导主责主业相近的企业寻找高匹配度、高契合度的产业合作项目，运用多种手段、加强全方位合作，不断打造龙粤国资国企合作新样板。

（三）进一步解放思想、更新观念、开阔视野，推进对口工作理念、机制、抓手、平台的升级迭代

把对口工作放到全国和全省大局中谋划思考，将中央关于对口工作的部署要求落实落细，助力更多的优质合作项目落地，推动龙粤合作向更深层次、更广领域、更高水平迈进。

（撰稿人：于潜、盛波）

第三章　民营经济发展对口合作

广东省工商业联合会　黑龙江省工商业联合会

按照《东北地区与东部地区部分省市对口合作工作方案》《东北地区与东部地区部分省市对口合作工作评估办法》要求，广东省、黑龙江省工商联对照《黑龙江省与广东省对口合作 2022 年工作要点》，加强合作，积极开展多层次高效对接，广泛开展经贸交流合作等活动，务实推进两省民营企业对口合作交流向纵深发展。

一、2022 年对口合作总体情况

（一）加强高层互动，提高政治站位

对口合作是以习近平同志为核心的党中央作出的重大战略部署，是中央在深化区域合作、促进协调发展方面交给黑龙江省与广东省的一项重要政治任务，做好对口合作工作是落实习近平新时代中国特色社会主义思想的实际行动，是贯彻党的二十大精神的具体举措。按照党中央、国务院关于新一轮东北地区等老工业基地振兴战略的决策部署和《黑龙江省与广东省对口合作框架协议》《黑龙江省工商联与广东省工商联对口合作框架协议》，两省工商联坚持以习近平新时代中国特色社会主义思想为指导，坚持新发展理念，坚持稳中求进工作总基调，充分发挥市场配置资源的决定性作用和更好发挥政府作用，按照商会搭台、企业参与、优势互补、合作共赢、市场运作的工作思路，切实把对口合作工作确定的重点任务落到实处，以高度的历史使命感、政治责任感扎实推动两省民营经济高质量发展。

两省工商联加强顶层设计，密切高层往来，巩固合作机制，持续高位推进对口合作工

作落实。2022 年以来，两省工商联高层领导继续保持紧密交流。一是深化两省工商联对口合作战略。2022 年 7 月，广东省委统战部副部长、省工商联党组书记陈丽文率领广东省工商联代表团赴黑龙江省潮汕商会暨哈尔滨市广东商会看望在黑粤商，并调研商会及会员企业，鼓励在黑粤商开创新局面，树立新形象，为两省经济高质量发展贡献新的力量。二是发挥高规格会议示范带头作用。广东省工商联主席（时任）、长隆集团董事长苏志刚率团出席在哈尔滨市举行的"2022 全国工商联主席高端峰会暨全国优强民营企业助推黑龙江高质量发展大会"，引导两省广大民营企业把握形势、坚定信心，促进黑龙江省经济社会发展。三是推动第九届国际潮商大会助力黑龙江省发展。2022 年 7 月，在哈尔滨市召开第九届国际潮商大会团长秘书长会议，汕头市委常委、统战部部长蔡永明及潮汕四市工商联有关领导出席会议。2002 年 12 月 19 日，第九届国际潮商大会在哈尔滨市举办，大会以"潮涌龙江 筑梦冰城"为主题，进一步推动龙粤深化合作，助力黑龙江振兴发展。

（二）深化部门对接，突出工作重点

强化两省工商联系统合作机制，指导两省各级工商联加强开展对接合作，充分发挥各自在资源、信息、政策、人才等方面的优势，结合两地产业基础、资源禀赋、区位特点等实际，建立全面、紧密、稳定的合作关系，共同推动建立内容丰富、导向明确、重点突出、形式多样的交流合作平台。广州市工商联与齐齐哈尔市工商联签订穗鹤两地工商联《战略合作协议》，组织民营企业考察团到齐齐哈尔市开展对口合作交流活动，参观考察中国一重集团、建龙北满特钢有限公司等。深圳市工商联与黑龙江省工商联座谈交流，探索进一步发挥深圳市"设计之都"优势，用好黑龙江省创新设计支持政策，共同推动两地创意设计产业高质量发展。汕头市工商联与哈尔滨市工商联多次交流会谈，协商第九届国际潮商大会有关情况，促进哈尔滨市与汕头市的经贸合作和文化交流。汕头市黑龙江哈尔滨商会与汕头市澄海区工商联对接座谈，探讨建立沟通联席机制，着力促进异地商会健康发展。东莞市工商联与牡丹江市工商联签订对口合作机制框架协议，举办重点产业推介会，引导两地民营企业家更好地把握东北振兴与粤港澳大湾区建设等重大战略机遇。黑龙江省有关部门深入黑龙江省潮汕商会、哈尔滨市广东商会、汕头市工商联副主席企业黑龙江省中瑞医药股份有限公司等进行实地调研指导，听取企业诉求，鼓励企业做大做强。据不完全统计，2022 年两省工商联系统开展互访交流活动 28 次。

（三）引导民间交流，促进优势互补

进一步提升民营企业合作实效，引导两省各类商协会、民营企业之间开展多种形式的

学习交流活动，提升交流合作层次和规模，强化两地民营企业家互学互帮，促进理念互融、信息互通、资源互享、合作互赢，大力夯实民间力量广泛参与对口合作基础。广州市工商联在哈尔滨工业大学举办市工商联会员企业高质量发展培训班，邀请齐齐哈尔市10名民营企业家参加培训，在培训班结业仪式暨穗鹤两地经贸交流会上，进行了齐齐哈尔市投资推荐和培训班学员企业资源推荐，齐齐哈尔市部分县区与培训班各小组签订友好牵手合作协议，积极推进两地之间的交流与合作。珠海市工商联推动珠海亿同贸易有限公司与黑龙江代众投资有限公司、北大荒集团、黑龙江省农投加强交流合作，共建粤龙联合孵化中心，签署粮食、玉米销售合同，积极推进两地经贸合作。珠海市黑龙江商会举办珠海商协会企业赋能交流会，探讨政商关系赋能、跨区域跨行业赋能、专业服务赋能、特色服务赋能等，从多方面促进两地经济发展、文化交流。汕头市工商联率考察团赴黑龙江省鹤岗市交流考察，实地参观宝泉岭稻田画、宝泉岭农垦山林粮食加工有限责任公司、宝泉岭现代农业产业园、北大荒宝泉岭农牧发展有限公司、中国五矿集团黑龙江石墨有限公司等，了解当地智慧农业、粮食加工、能源材料、文旅康养等产业发展现状。东莞市工商联组织14位镇（街道）工商联（商会）主席、团体会员企业家赴牡丹江市开展考察交流，加强南北互动，实现互惠双赢。牡丹江市工商联率团到东莞市考察交流，走访东莞市女企业家商会、东莞市电子行业协会、东莞市食品行业协会、东莞市鸿骏膳食管理有限公司、东莞市合福稻农业科技有限公司、广东铧为现代物流股份有限公司、广东金富士生物科技食品有限公司、高盛科技园、广东嘉宏集团有限公司等。黑龙江省肇东市女企业家商会走访东莞市女企业家商会，参观广东嘉宏集团有限公司、广东金富士生物科技食品有限公司、东莞市鸿骏膳食管理有限公司、岭南控股集团有限公司、广东香城集团有限公司等，双方共话友情、共谋发展。中山市黑龙江商会与抚远市远东国际商会签订战略合作协议，组织中山市33位企业家参加经贸交流推介会，围绕黑瞎子岛现代农业、特色渔业和全域旅游等方面进行对接洽谈。哈尔滨市工商联组织企业赴汕头、惠州、深圳等市开展招商活动，拜访重点企业，洽谈推进项目合作事宜。

（四）助力乡村振兴，推动共建共享

努力推进产业合作，引导民营企业家投身"万企兴万村"行动，发挥龙粤两地民营企业资源资本优势，推动构建乡村特色产业体系，助推黑龙江乡村产业振兴，促进农业高质高效发展。广州市工商联联合有关部门开展广州"光彩大篷车"消费帮扶项目推介会暨广州民营企业消费帮扶季活动，大力宣传推广哈尔滨、齐齐哈尔等市多种优质农产品，通过"视频推介+展区互动+现场试吃"模式，综合运用线下、线上多种渠道开展"五进"（进大型民营企业、进企事业单位、进社区楼盘、进景区酒店、进商业广场等）展销

活动。汕头市工商联举办"情系桑梓　共话未来"活动，鼓励引导黑龙江粤潮商人回报家乡，促进区域协调发展，参与举办"我在鹤岗有亩田"主题活动启动仪式，组织汕头市青年商会、汕头市超市供应链协会等商协会和民营企业参加活动，促进两地产业互补、资源互惠、发展互利。黑龙江省潮汕商会落实"万企兴万村"部署，心系对口帮扶村发展，组织企业到平房镇中心校（百威英博爱心小学校）开展捐赠活动，向黑龙江省光彩会捐赠紧缺救命药，帮助特困重症血友病患者，在对口合作中充分发挥桥梁纽带作用，获得"5A 级社会组织"荣誉称号。江门市工商联与七台河市工商联合力发展高效优质农业，加强在特色农产品、畜牧产品展销等方面的对接。珠海市黑龙江商会主动参与当地抗疫志愿服务，开展植树造林等，积极投身当地经济社会建设。

二、下一步工作打算

坚持以习近平新时代中国特色社会主义思想为指导，认真落实习近平总书记关于做好对口合作工作的重要指示精神，2023 年，两省工商联将进一步增强做好对口合作工作的责任感和使命感，按照对口合作重点工作计划全面开展工作。

（一）积极开展交流活动

推动两省各级工商联加强联系，开展互访交流，创新对口合作模式，深入贯彻落实《黑龙江省与广东省对口合作实施方案》《黑龙江省工商联与广东省工商联对口合作框架协议》。

（二）努力搭建合作平台

鼓励和引导两省商协会参与重大经贸活动，以点带面促进产业对接，推动两省民营企业在管理理念、营销理念、市场理念等方面进行经验交流，探索出一条南北联动、协同发展、互利共赢的新路径。

（三）大力推动两省民营经济高质量发展

引导广东省民营企业到黑龙江省开展经贸考察，实地了解当地投资环境，推动形成一批产业合作项目，积极服务黑龙江省赴粤投资企业，将企业在经贸洽谈、双方合作、经营生产过程中遇到的困难及时向有关部门反映，为民营企业排忧解难。

（四）持续引导民营企业家履行社会责任

引导民营企业家履行社会责任，积极投身"万企兴万村"行动，充分发掘当地特色优质农产品资源，助力黑龙江省乡村振兴。

（撰稿人：黄平、高志超）

第四章　对内对外开放合作

广东省商务厅　黑龙江省商务厅

2022 年，广东省与黑龙江省两省商务部门以推动高质量发展为主题，加快构建新发展格局，按照《黑龙江省与广东省对口合作 2022 年工作要点》的文件要求，在全面巩固和提升现有合作成果的基础上，积极推动两省商务领域对口合作，充分发挥经贸平台作用，增强国内大循环内生动力和可靠性，提升国际循环质量和水平，推动两省经济实现质的有效提升和量的合理提升。

一、加强对外经贸合作

两省商务部门携手开拓国际市场。广东省借助黑龙江省区位优势加强对俄合作，引导能源矿产、林业、水产等行业扩大对俄合作，推动广东灯具、照明装备、汽车电子、轻纺等优势产品出口俄罗斯市场，不断扩大对俄出口贸易规模。黑龙江省借助广东省对接国际市场，拉动机电产品、农产品、纺织、服装等产品出口。2022 年广东省对俄罗斯进出口1071. 77 亿元，同比增长 23.7%；黑龙江省外贸进出口 2651.5 亿元，同比增长 33%。

（一）林业行业合作

2022 年 2 月，广东省商务厅联合黑龙江省商务厅与俄罗斯联邦外贝加尔边疆区社会经济、基础设施、地区规划和发展部等俄方机构共同举办"中国黑龙江、广东—俄罗斯远东林业合作推介会"。本次活动采取线上线下相结合的方式，广东省副省长张新作视频致辞，广东省家具协会及木材、家具行业企业代表 20 余人线下参会，中俄双方线上线下

参会人数超 500 人。2022 年 2 月 28 日至 3 月 4 日，组织中方 120 多家企业与俄方 40 多家企业进行中俄林业企业一对一线上分组洽谈。

（二）水产行业合作

2022 年 7 月，广东省商务厅与黑龙江省商务厅合作举办"中国黑龙江、广东—俄罗斯远东进出口贸易线上对接会"。广东省副省长张新在开幕式上作视频致辞，广东省商务厅二级巡视员李敬出席广东分会场会议。两省商务厅与俄罗斯联邦萨哈林州、滨海边疆区、堪察加边疆区、俄罗斯联邦驻哈尔滨总领事馆共同举办"中国黑龙江、广东—俄罗斯远东水产合作线上推介会"，促成龙粤俄"两国三地"企业在水产养殖、加工、采购、进出口等方面的合作，为广东省渔业水产企业与黑龙江省及俄罗斯远东地区同行和供应链上下游相关企业提供对接平台，并推动广东省企业探索"走出去"赴俄罗斯远东地区开展渔业水产投资合作。

二、开展双向经贸对接

2022 年 12 月，黑龙江省在广东省举办中国（黑龙江）自由贸易试验区广东招商推介会，广东省商务厅组织邀请广东企业参加并赴广东自贸试验区南沙片区、深圳前海蛇口片区进行调研。同月，广东省举办 2022 粤港澳大湾区全球招商大会，邀请黑龙江省政府、商协会和企业代表参会，加强两省交流合作。

三、强化干部人才交流

为落实两省干部交流有关机制，黑龙江省商务厅选派一名优秀干部到广东省商务厅挂职锻炼，进一步推动两地商务系统先进理念、先进做法、先进经验的学习交流，促进对口合作优势互补、深度融合、互利共赢。

四、地市商务部门开展多方面对口合作

广州市为深化与齐齐哈尔市对口合作关系，大力推进双方项目合作，邀请齐齐哈尔市副市长贾兴元一行于 2022 年 6 月 13 日来广州市招商考察，广州市政府邓毛颖副秘书长、市商务局吴伟华副局长陪同调研黄埔区相关企业。

佛山市高度重视与双鸭山市对口合作工作，成立专项工作小组，由商务局局长任组长，推进对口合作各项工作。一是向辖区和市有关商协会印发《佛山市商务局关于开展2022 年我市与黑龙江双鸭山、新疆伽师、西藏墨脱等对口支援城市产业合作的通知》，积极推动双鸭山市特色产品走进广东、走进粤港澳大湾区市场销售平台。二是引导企业开展对口消费合作。经过佛山市商务局的牵线搭桥，佛山小农丁农业科技有限公司与双鸭山市多家企业达成长期合作，在小农丁平台设立"黑龙江双鸭山特色馆"线上销售专区，主要销售产品有集贤县的大米以及五谷杂粮，还有饶河县的黑蜂蜜，在售产品多达 60 余种。在对口合作中起到了良好的带动作用，不仅实现了对双鸭山市当地农产品的销售帮扶，也进一步促进了"双鸭山"品牌的宣传推广。近年来，佛山市商务局引导小农丁平台通过社区团购、企业团购等促销形式，带动双鸭山产品年交易额超 300 万元，大大提高了对口合作成效。三是做好日常消费协作统计工作，建立日常数据库。

揭阳市与大兴安岭地区行署商务局密切联系，加强交流合作。一是落实合作协议。进一步落实 2021 年 10 月揭阳市商务局与大兴安岭地区行署商务局签订的《电子商务领域战略合作框架协议》，加强两地电子商务产业发展经验、电子商务供应链领域、电商企业融创等方面的交流与合作，加快两地电商物流企业融合发展。二是搭建交流平台。引导大兴安岭地区企业北极珍品汇加入普宁市电子商务行业协会，共享行业资讯，拥抱电商行业变化的大趋势，实现抱团发展。2022 年 7 月 21～25 日，大兴安岭地区商务局张锐副局长带队到揭阳市进行电子商务交流，其间调研了普宁电商城、普宁服装城、军埔电商村等，同时实地考察了大兴安岭生态产品旗舰店，为开新店做好前期准备工作。三是做实合作项目。加强两地商务部门、电子商务协会对接合作，以创建国家级电子商务进农村综合示范项目为契机，在普宁市农村产品供应链展厅设立大兴安岭地区产品展示专柜，依托揭阳营销网络和电商优势，加大大兴安岭地域品牌的建设推广力度，更好地提高大兴安岭地区的产品在揭阳市的知名度以及推动市场上行，为大兴安岭地区的产品提供新的展示窗口。

五、2023 年工作思路

　　2023 年，两省商务部门将进一步认真贯彻落实两省对口合作工作部署，多层次、宽领域、全方位推动两省商务领域对口合作。一是组织广东经贸代表团继续参加"哈洽会"。二是加强调研了解广东省与黑龙江省对俄罗斯远东的进口需求情况，并视情与黑龙江省、俄罗斯滨海边疆区探讨举办龙粤与俄罗斯远东地区重点产业对接会。加强粤港澳大湾区和俄罗斯跨越式发展区战略对接，密切龙粤两省对接协作，探索构建产业链供应链协作新模式。三是积极参与国内大循环，组织两省优质特色产品产销对接，提升两省消费能力和水平。

（撰稿人：王世光、邹峰）

第五章　工业和信息化对口合作

广东省工业和信息化厅　黑龙江省工业和信息化厅

2022 年两省工信部门落实黑龙江与广东两省工业和信息化领域对口合作框架协议，对照《黑龙江省与广东省对口合作 2022 年工作要点》，推动黑龙江省与广东省在工业和信息化领域的对口合作，围绕数字经济、装备制造、新兴产业等领域加强合作，取得了务实成效。

一、2022 年广东省与黑龙江省对口合作工作情况

（一）搞好工作统筹

充分发挥广东省工信厅作为领导小组成员单位的作用，及时报送对口合作项目有关情况，会同黑龙江省工信厅共同做好《黑龙江省广东省对口合作工作报告（2021）》工业和信息化领域对口合作编制工作，并会同有关单位对《黑龙江省与广东省对口合作 2022 年工作要点》进行修改完善，结合两省对口合作情况，提出工作计划。

（二）加强沟通交流

为进一步落实黑龙江省与广东省的对口合作机制，2022 年 6 月，黑龙江省工信厅副厅长官英敏带队到广东省开展调研座谈，就两省数字经济、装备制造等产业合作重点领域和方向进行交流协商。广东省工信厅筹划并组团赴黑龙江参加第六届中国国际新材料产业博览会，进行产业合作对接考察。按照组织部门安排，根据粤黑对口合作机制，黑龙江省工业和信息化厅张建华同志到广东省工信厅进行为期半年的跟岗锻炼，在生物医药产业发

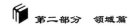

展思路、举措及路径等方面进行交流，进一步促进粤黑合作。

（三）协助做好重点产业招商引资

协助黑龙江省工信厅结合黑龙江省政府主办 2022 世界 5G 大会，开展系列招商合作活动。2022 年 7 月在深圳组织召开"数字经济投资座谈交流会"和"黑龙江（深圳）数字经济投资对接会"，8 月在哈尔滨举办数字经济投资对接活动，开展黑龙江数字经济发展宣传、产业推介、项目对接、洽谈交流活动等。广东省工信厅协调省内部分数字经济领域重点企业和协会参加对接洽谈，有力地吸引了粤港澳地区投资商以及广东省企业对在黑龙江数字经济领域应用场景投资的关注。

（四）积极推进工业设计交流合作

结合黑龙江省推动创意设计发展的工作实际，充分发挥广东省工业设计资源优势，引导广东省工业设计协会、深圳市工业设计行业协会等重点协会和工业设计机构赴黑龙江开展考察对接和项目洽谈，协助黑龙江省项目单位寻找接洽广东省优秀工业设计企业机构，展开项目合作。

（五）突出新材料产业交流合作

继续协助黑龙江省积极筹备第六届中国国际新材料产业博览会，做好组织广东企业参展参会准备，并筹划召开"龙粤两省新材料新技术协同发展产业论坛"，进一步开展项目对接、采购对接、招商推介等系列活动。受新冠肺炎疫情影响，第六届"新博会"延期至 2023 年 8 月举办，各项筹备工作有序推进。

二、下一步工作计划

2023 年，围绕两省对口合作安排，重点抓好以下方面工作：

（一）加强民营经济领域交流合作

广东省将继续邀请黑龙江省中小企业和服务机构参加第十八届中国国际中小企业博览会和第二届中小企业国际合作高峰论坛，展示推广黑龙江省中小企业的品牌产品、先进技术及相关服务，开展洽谈、对接和交易活动，提升两省民营企业的交流合作水平。鼓励引导广东省工业设计企业、机构与黑龙江省制造业企业开展对接合作，提供整体设计解决方案，助力黑龙江制造业转型升级。加强两省专精特新和"小巨人"中小企业交流合作。

（二）加快装备制造业等合作

积极对接两省在装备制造业中的比较优势，促进装备制造产业互动发展，带动产用结合、产需对接和产业链上下游整合，进一步推动双方产业基础高级化和产业链现代化，在无人机、数控、制造加工等产业领域建设一批重点项目。落实黑龙江省—广东省—俄罗斯哈巴罗夫斯克边疆区三方省州长视频会晤合作共识，推动食品、电子产品、建材家居、纺织服装、机械制造等领域的合作。

（三）加强新兴产业合作

利用广东省资金、技术、市场，促进新材料、生物医药和新一代信息技术等产业对接，积极协调各方力量，解决已对接企业合作困难，培育壮大新兴产业集群。配合两省科技厅推进新材料、仪器仪表、信息通信等科技创新合作，促进科技成果转化。提升企业创新水平，增强成果转化承接能力。继续做好第六届中国国际新材料产业博览会主宾省相关筹备工作，积极组织新材料企业参展参会，着力突出展示广东省新材料领域发展水平，打造企业对接平台，利用"新博会"平台进一步推进两省新材料产业优势互补、产业链上下游有效衔接。

（四）深化两省工信部门的交流合作

研究制定新一轮工信领域对口合作框架协议，指导广东省有结对任务城市的工信部门与黑龙江省地市工信部门开展交流合作，建立和完善交流对接、产业信息共享、产业政策宣传等工作机制，积极探索、拓展形式多样的产业合作交流。根据省委组织部安排，继续做好后续赴广东跟岗锻炼干部的对口接收安排工作。

（撰稿人：代红兵、李玉江）

第六章 农业和绿色食品产业对口合作

广东省农业农村厅 黑龙江省农业农村厅

2022 年，粤黑两省农业农村部门坚持以习近平新时代中国特色社会主义思想为指导，全面贯彻习近平总书记对两省对口合作的重要讲话和重要批示精神，深入学习宣传贯彻党的二十大精神，认真落实《国务院关于新时代支持革命老区振兴发展的意见》《黑龙江省与广东省对口合作"十四五"实施方案》《黑龙江省与广东省对口合作 2022 年工作要点》等有关要求和两省省委、省政府的总体部署，坚持"对口合作、优势互补、市场主导、共同发展、互利共赢"原则，围绕现代农业高质量发展和当好"压舱石""排头兵"，强化运用市场化理念和信息化手段，坚持线上线下相结合、"走出去"与"请进来"并重，在合作机制、共赢模式上创新，扎实推动两省农业对口合作工作取得实效。

一、2022 年对口合作工作情况

（一）加强产业投资合作，多个项目落地见效

两省持续发挥产业互补优势，合理配置合作资源，推动多个农业合作项目稳健发展、持续见效。"稻—稻—薯"种植技术日臻成熟，规模效益稳步增加，2022 年再次实现丰产丰收。截至 2022 年底，"稻—稻—薯"种植面积超 1200 亩，亩均利润 2800 元，相比于两茬水稻每亩增收 1500 元。佳木斯市黑龙江华腾生物科技有限公司与广东一家人食品有限公司联合出资创立黑龙江隆腾食品科技有限公司，建设年产 1.5 万吨蛋白粉生产线 1 条，已投料试生产。鸡西市密山市人民政府分别与广电众粮联供应链管理有限公司签订投资 1.5 亿元豆米五谷营养粉加工项目，与深圳市鸿盛电子有限公司签订投资 0.9 亿元万寿菊

加工项目，投资总额 2.4 亿元。双鸭山市宝清县与佛山市、深圳市签订年产 8 万吨高效钾肥三期原料成品库房、15 万吨水稻深加工等项目，项目总投资可达 4 亿元，均已开工建设。

（二）产销合作有效对接，农产品双向营销合作不断加强

在疫情持续带来不利影响的情况下，粤黑两省农业农村部门不断改变经营思路，开展线上线下融合营销，拓宽营销渠道，增加市场份额。一是产销合作有效对接。通过开展推介、对接、洽谈等活动，伊春市金海粮米业有限公司与广东省茂名市金信粮油贸易有限公司继续签订 2.5 亿元大米购销合同。双鸭山市宝清县密林东北黑蜂有限责任公司与广州深粮有限公司开展合作项目，订购蜂蜜 1 吨，金额 6.4 万元；宝清县和平谷物种植农民专业合作社与南海区粮油贸易总公司桂城粮油超市开展合作项目，每年签约大米、杂粮合作订单 7 万吨，金额 70 万元。鸡西市粮食企业与肇庆市、深圳市企业签订大米采购协议 1.5 万吨，水稻采购协议 1 万吨，豆干、大米面条采购协议 447 吨，累计成交金额近亿元。二是营销渠道不断拓宽。2022 年，通过直销店、代销店、合作销售等方式，双鸭山市在广东省各地销售大米、黑木耳、蜂蜜、杂粮等销售量 3.2 万吨，销售额 1.36 亿元。伊春市北货郎森林食品有限公司通过茂名壹坊农业有限公司在茂南区政府支持下开设的茂名市农产品展示中心销售北货郎食用菌、杂粮两大系列 40 余款产品，截至 2022 年底，累计销售200 余万元。三是市场融合发展不断深化。截至 2022 年底，哈尔滨市共有 3 家农业企业的 9 个优质农产品申报"圳品"认证，其中，五常乔府大院"圳品"申报已经成功。2022 年，齐齐哈尔市哈拉海农场被列为粤港澳大湾区"菜篮子"生产基地。截至 2022 年底，齐齐哈尔市共有 3 户企业成为粤港澳大湾区"菜篮子"生产基地。

（三）开展多层次交流互动，积极探寻农业合作新机

两省农业农村部门积极开展交流探讨、考察调研等互访工作，以预制菜为新切口，深度挖掘、对接两省优质农产品供给和需求潜力，畅通营销渠道，积极打造两省农产品互进供应链。2022 年 6 月 19～23 日，黑龙江省农业农村厅副厅长李文德带队来穗、来深，开展农业经贸交流与招商引资活动，现场集中签约总额 61.65 亿元，其中，项目合同金额29.15 亿元。考察团随后重点考察了广东农产品流通和预制菜相关企业。2022 年 8 月 23日，广东省代表团与黑龙江省哈尔滨市中共依兰县委考察团就预制菜产业的发展进行深入交流，促进南北互通有无，共同发展，推动依兰县农产品走进大湾区、走向世界，切实推动新发展阶段粤黑农业合作。

（四）强化线上线下合作，提高产销对接

为进一步促进粤黑两省优质农产品双向流通，两省农业农村部门立足地域优势和产业互补，通过线上线下方式，强化两省农产品宣传推介力度，促进产销对接。一是接续深化省际农业交流与合作。在 2022 年中国荔枝龙眼产业大会上，两省农业农村部门共同签署《"南品北上，北品南下"省际农业合作框架协议》，共同推进合作区域内农产品展示宣传、交流对接、产销合作、渠道互拓、资源共享。二是促进双方大米产业交流对接。积极组织两省大米企业和采购商线上参加 2022 年黑龙江大米节，以米为媒，推动两省粮食产业高质量发展。三是创新宣介模式，直播连线互推优质农产品。借助端午节等节庆机会，粤黑两地具有代表性的新农人，通过内陆最南村徐闻"南极村"与内陆最北村漠河"北红村"的"两极连线"，开展家乡优质农产品营销云直播活动，创建跨地区农产品直播连线新形式，为两地农产品宣传搭建了更方便的平台。

二、下一步工作思路

下一步，两省农业农村部门将继续认真贯彻落实国家和省委、省政府关于两省合作的决策部署，持续推动粤黑农业合作落地落实，并着重做好以下几项工作：

（一）继续完善工作机制

发挥已建立起的合作机制作用，加强双方互邀互访及不定期工作会晤，立足新发展阶段，进一步挖掘合作潜力，拓宽合作领域，提升合作层次和水平，不断完善合作工作机制。

（二）加强农业产业合作

充分发挥粤黑两省产业优势，加强对接交流，深入挖掘两省畜牧业及绿色食品种植加工业等领域的合作互补潜力。开展县域结对合作，支持双方政府及企业采取入股、合资、联营等方式，加强产业合作，抓好预制菜产业发展良机，发展有机食品深加工，促进有机食品产业集群化合作发展。

（三）加强农产品营销合作

开展"南品北上，北品南下"活动，加强两地农产品产销对接，依托省市两级农产品展销中心辐射带动优势，加快直营店、连锁店、社区店建设，扩大农产品营销网络，丰富两省农产品市场供应、双向流通、合作共赢。

（四）加强农业科技交流

充分发挥两省农业科研、推广机构技术服务力量，强化对两省农业技术人员的培训与指导，组织分享先进科学种植管理经验，加快农业科技成果转化，协调解决好农户朋友在实际生产过程中遇到的生产技术难题。

（五）扩大农业品牌合作

积极开展粤黑农业品牌合作推广活动，持续推进农产品品牌宣传推广活动，推动广东更多优质农产品走进黑龙江市场。邀请黑龙江农业品牌专家、企业家来粤，开展品牌建设论坛，举办品牌农产品推介洽谈活动，促进两省特色农产品互通。协调对接深圳市，推动黑龙江"黑土优品"优质品牌农产品申请通过"圳品"认证，从而融入大湾区市场。

（撰稿人：黄维华、何树国、高谨）

第七章　粮食对口合作

广东省粮食和物资储备局　黑龙江省粮食和物资储备局

2022 年，广东省与黑龙江省粮食和储备行政管理部门认真贯彻落实党中央、国务院关于东北振兴的决策部署，按照《黑龙江省与广东省对口合作 2022 年工作要点》有关要求，努力推动两省粮食对口合作工作落实，不断创新异地储备合作模式，积极开展粮食产销合作对接，以"绿色龙江　黑土优品"为引领，推动"龙粮入粤"，两省粮食对口合作再上新台阶。

一、2022 年工作情况

（一）持续开展交流互访，不断深化两省粮食对口合作

2022 年 6 月，两省粮食和物资储备局持续开展交流互访，在佛山市顺德区举行产销对接交流活动，探索两地粮食产销合作新形式、新路径，共同推动"黑龙江好粮油"广东市场渠道建设项目落地实施。广州市发展改革委与齐齐哈尔市粮食局开展粮食产销对接活动，不断深化两市粮食及转化用粮的产销合作。中山市粮食和物资储备局积极做好佳木斯市粮食局副局长徐亮到该局跟岗锻炼的有关工作，协调建立中佳两地粮食企业沟通互访机制，推动中山市粮食储备公司、黑龙江雪那红米业等 6 户企业签订购销大米意向合同。江门市粮食和物资储备局随市政府领导赴黑龙江省七台河市开展考察交流，就推进园区共建、深化产业合作、加强基本公共服务经验共享和干部人才交流等领域进行深入调研，推动双方签订《粮食产销合作框架协议》。肇庆市粮食和物资储备局与鸡西市粮食局续签粮食对口合作协议，建立两地粮食和储备部门合作交流、定期会商和信息共享等机制，进一

步巩固和加深两地粮食对口合作基础。

（二）完善异地储备管理，持续推进粮食储备合作

一是优化异地储备布局。按照《关于建立广东省省级储备粮（黑龙江）异地储备的合作协议》，结合广东省省级储备粮（黑龙江）异地储备轮换任务，调整异地储备储存库点布局。二是完善异地储备合作机制。落实专项巡视反馈意见整改要求和《广东省省级储备粮管理办法》规定，广东省粮食和物资储备局针对异地储备管理存在的问题，加强与黑龙江省粮食和物资储备局的沟通协商，修改完善广东省省级储备粮（黑龙江）异地储备合作协议，进一步加强异地储备管理。三是持续落实异地储备任务。2022年，广东省在黑龙江省异地储备规模约48.9万吨。按照广东省省级储备粮管理有关规定，广东省粮食和物资储备局联合有关部门调整优化异地储备任务，调整中粮贸易有限公司省级储备粮（黑龙江）异地储备玉米储存计划17万吨、绥化象屿金谷农产有限责任公司省级储备粮（黑龙江）异地储备玉米储存计划15万吨，督促指导两省合作企业顺利完成2021年度广东省省级储备粮（黑龙江）异地储备玉米、稻谷轮换任务。四是加强对异地储备的监管。黑龙江省粮食和物资储备局积极配合广东省粮食和物资储备局委托的第三方会计师事务所，对异地储备相关统计台账、粮油保管总账、明细账进行审计核查。广东省粮食购销领域腐败问题专项整治检查组专门组织工作人员赴黑龙江省，实地检查异地储备合作企业承储的省级储备粮管理等相关情况。广东省粮食和物资储备局与黑龙江省粮食和物资储备局、黑龙江省储备粮管理有限公司组成联合检查组，重点对中粮贸易黑龙江有限公司下属的4个库点，以及绥化象屿金谷农产有限责任公司共计5个库点储存的异地储备玉米进行实地检查。黑龙江省储备粮管理有限公司每月对异地储备粮进行检查，确保异地储备粮数量真实、质量良好、储存安全、管理规范。同时，按国家要求积极推进黑龙江异地储备库点信息化建设，进一步提升异地储备信息化监管水平。

（三）深化产销合作，合力推动"龙粮入粤"

两省粮食和储备局积极搭建平台，组织两地企业克服疫情干扰，不断深化粮食产销合作。广州、汕头、佛山、东莞、惠州、湛江、茂名、肇庆等市与齐齐哈尔、鹤岗、双鸭山、牡丹江、大庆、绥化、伊春、鸡西等市粮油企业积极开展各种形式的产销合作，以"绿色龙江　黑土优品"为引领，引导"黑龙江省好粮油"进入广东市场，取得良好成效。由黑龙江省粮食和物资储备局主办，广东省粮食和物资储备局组织45家企业及粮食和储备管理部门170余名代表，参加"2022·黑龙江第十八届金秋粮食交易暨产业合作洽谈会（线上）"。齐齐哈尔金鹤品牌粮油进入广州市8字连锁店上架销售，齐齐哈尔市好

粮油在广州建立稳定的销售渠道。茂名市广东金信农业科技有限公司与伊春市铁力金海粮米业有限公司签订长期大米购销合作协议，采购黑龙江大米1万吨。佛山市与双鸭山市开展"双鸭山好粮油进佛山"系列活动，采购粮食1.44824万吨，采购金额合计4245.67万元。湛江市与绥化市举办"绥化好粮油湛江招亲"专项营销活动，推动7家绥化粮油企业与湛江粮油采购商、经销商签约合作。鹤岗市在汕头市举办"鹤岗市好粮油"走进汕头品牌营销活动产品宣传推介会，汕头市粮食企业集团公司与对口合作单位五常市金禾米业有限责任公司签订购销合同，采购大米318吨，总金额达258万元。肇庆市协助鸡西市举办"鸡西好粮油进肇庆"恳谈会和产品展销推介活动，将两地粮食企业签订了1000吨稻谷和5000吨大米采购意向的购销合同。东莞市积极引导东莞市太粮米业有限公司、东莞市金杰发粮食有限公司等企业，与黑龙江省粮食企业建立长期产销合作关系，2022年全市从黑龙江采购优质大米约5.9万吨。惠州市与大庆市联合印发《大庆市与惠州市对口合作"十四五"实施方案》，将两地粮食产业化合作列入重点任务，两地粮食和储备部门签订《大庆市惠州市粮食产销合作协议》，将在粮食产销合作、粮食资源和基础设施等方面进行深度合作。通过搭建产销合作平台等多种形式，每年推动"龙粮入粤"约600万吨。

（四）推进项目建设，促进两省粮食产业发展

一是推进"黑龙江好粮油"营销项目建设。两省粮食和储备局加强沟通协调，积极推动黑龙江省农投集团与广东储备粮管理集团有限公司签订《黑龙江好粮油广东市场渠道建设项目互利合作协议》。支持黑龙江省农业投资集团在佛山市顺德区注册成立黑龙江省农投食品有限公司顺德分公司，总投资约1382万元，建设年产3万吨大米的分包厂区并正式投产，开展成品大米分装、储存、销售业务，为黑龙江省粮油企业在广东市场销售提供低温仓储、大米分装分拣和质量检测等销售渠道服务，促进黑龙江好粮油进入广东市场，服务广东消费者对优质粮油的需求。二是推动深圳粮源基地项目建设。深圳市粮食集团有限公司与中信集团控股企业哈尔滨谷物交易所有限公司合作，成立了双鸭山深粮中信粮食基地有限公司，在双鸭山市宝清县五九七农场工业园区，打造集粮食生产收购、仓储加工、研发销售、物流配送及服务于一体的智慧粮食产业园。项目投资1.76亿元，建成4座平房仓，合计仓容20万吨、2座500吨/天的烘干塔和一条日产200吨稻米的加工生产线并已正式运营。同时，在深圳市政府的支持协调下，在深圳苏氏米业建立了"深圳市双鸭山农副产品交易物流中心"，展示双鸭山市的粮油产品。三是推动珠海市黑龙江产品体验馆项目建设。珠海市粮食和储备局按照粮食对口合作有关工作部署，推动珠海市粮食集团与黑河市绿农集团开展项目合作洽谈，在珠海市香洲区建设黑河产品体验馆，展销黑河特色农产品，借助"珠海—极境寒养门店开业"契机，黑河市加快实施好粮油品牌营销战略，在珠海电视台、公交车、火车站、机场、高档小区电梯等投放广告组成"黑河好粮油"和"极境寒养"品牌宣传媒体矩阵，进行全方位立体化的渠道推广，广泛宣传黑河好粮油及极境寒养产品，为当地市民提供寒地黑土绿色好粮油。

二、2023 年工作安排

（一）进一步加强两省粮食部门交流互访

加强两省各级粮食和储备部门间沟通交流，主动谋划两省粮食对口合作发展思路举措，推动两省粮食系统开展常态化、多层次互访交流，积极打造两省粮食安全保障供应链，不断拓展粮食对口合作空间。

（二）进一步加强异地储备合作和管理

深化两省异地储备合作，探索进一步优化广东省省级储备粮（黑龙江）异地储备合作模式，结合实际调整优化异地储备任务。进一步落实异地储备库点驻库监管机制，夯实监管责任，强化合作，加强对异地储备的联合监管，确保异地储备安全。

（三）进一步推动两省粮食项目合作

鼓励和支持两省粮食和储备部门沟通与联系，不断探索新型项目合作，建立两省粮食对口合作项目库，争取新建一批粮食精深加工、绿色食品产业项目。

（四）进一步加强两省粮食产销合作

以"绿色龙江　黑土优品"为引领，以黑龙江农投集团与粤储粮集团公司直属库"黑龙江好粮油广东市场渠道建设项目"合作项目为抓手，继续用好"金秋会""黑龙江好粮油中国行——走进广东"等平台，组织产销对接活动，共同推动两省粮食产销合作不断发展。

（撰稿人：王发恭、于乐）

第八章　金融对口合作

广东省地方金融监督管理局　黑龙江省地方金融监督管理局

2022 年，广东、黑龙江两省地方金融监管局坚持以习近平新时代中国特色社会主义思想为指导，全面贯彻落实党的二十大精神，根据对口合作框架协议和 2022 年工作要点，在推动企业上市、促进创投机构合作、开展地方金融风险监测合作等方面积极推动两省金融对口合作取得新成果。

一、2022 年广东省与黑龙江省金融对口合作情况

（一）推动深交所支持黑龙江省企业上市工作

一是支持黑龙江省优质企业上市。深圳证券交易所（以下简称深交所）与黑龙江省建立合作机制，挖掘、培育优质上市资源，加快推动企业上市进程。2022 年 9 月，森鹰窗业（301227）在深交所挂牌上市，首发募集资金净额为 8.24 亿元。同月，医疗器械类敷料产品企业敷尔佳通过创业板上市委审核。二是加强与黑龙江省金融监管部门的交流合作。2022 年 3 月 16 日，深交所与黑龙江省地方金融监管局、黑龙江证监局召开推进龙江企业上市工作视频会议，提出在审企业加快审核、重点拟上市企业加快申报，共建黑龙江省资本市场服务信息系统以及在资本市场学院举办民营企业上市专题培训班等。三是依托深交所黑龙江基地持续开展上市培育活动。深交所黑龙江基地落户哈尔滨经济技术开发区后，持续面向黑龙江全省开展上市培育工作，并举办企业上市开放日等活动。深交所定期派专家团队与拟上市企业就首次公开发行（IPO）过程中关于审核的问题进行一对一辅导交流，包括九三食品、嘉利通等；联合地方举办企业改制上市专题培训班，52 家哈尔滨

市重点拟上市企业参与培训。四是支持黑龙江省符合条件的企业高管参加深交所董事会秘书培训班或独立董事培训班，提高公司信息披露质量和规范运作水平。五是向黑龙江省金融部门免费提供"地方企业上市培育系统"，并派专员进行后期系统支持维护，持续跟进使用效果和数据库企业情况。

（二）推动两省创投机构合作

一是深圳市创新投资集团（简称深创投）拟与黑龙江省金融控股集团、哈尔滨创业投资集团在哈尔滨合作发起设立规模为 10 亿元的新基金。2022 年 5 月 13 日，深创投董事长倪泽望、党委副书记邵钢一行赴黑龙江省金融控股集团考察，双方就深创投龙江产业基金设立进展情况以及进一步加强合作进行深入交流。二是 2020 年设立的天使一号基金处于投资期。深圳市天使投资引导基金管理有限公司于 2020 年 11 月设立深圳市天使一号创业投资合伙企业（有限合伙）（简称天使一号基金），规模为 3 亿元，通过优中选优遴选子基金已投或拟投项目，进行同轮次或后续轮次的投资，助力深圳创新产业发展。为加强深哈两地金融合作，哈尔滨创业投资集团有限公司于 2021 年作为有限合伙人向天使一号基金出资 1950 万元，占比 6.5%。三是两省就基金项目合作进行深入交流。2022 年 5 月 31 日，黑龙江省地方金融监管局组织黑龙江省金控集团、新产投集团与来访的招商资本、沐民资本就推进双方合作进行了会商洽谈，双方机构就基金项目合作进行了深入交流。

（三）强化两省金融交流互动

一是举办专题培训班加强企业与创投机构的对接交流。2022 年 6 月 7～11 日，由黑龙江省地方金融监管局、黑龙江省工商联、黑龙江证监局、深圳证券交易所、资本市场学院主办的黑龙江省民营企业上市专题培训班开班，黑龙江省 35 家专精特新企业、民营拟上市企业的董事长、总裁、总经理等逾 50 人参加培训，其间还举办了黑龙江省民营拟上市企业与深创投对接交流会。二是两省相关部门和地市领导加强高层互访、调研与交流。2022 年 6 月 8 日，黑龙江省地方金融监督管理局局长郎国明一行到广东省地方金融监管局调研，双方就两省金融对口合作、优化营商环境、提高信贷可获得性等议题进行座谈交流，随后，郎国明局长一行赴广州市地方金融监管局调研。与此同时，2022 年黑龙江省地方金融监管局选派一名副处级干部在广东省地方金融监管局挂职。2022 年 8 月 15 日，哈尔滨市委副书记、市长张起翔一行到访深交所，与深交所党委书记、理事长陈华平进行座谈，双方就支持哈尔滨资本市场发展、加快企业上市培育、债券创新产品发行等方面进行交流。2022 年 8 月 16 日，哈尔滨市委常委、副市长郭顺民，哈尔滨市金融服务局党组书记、局长孙婉睿一行赴深圳市地方金融监管局调研，双方就"十四五"金融发展规划、金融服务实体经济、支持企业上市、金融市场体系建设、地方金融风险防范等有关内容进行交流，会后，哈尔滨市调研组一行赴深圳创新投资集团、前海地方金融监管局、前海国际会议中心、前海联交所、基金小镇等进行考察调研。三是召开龙粤俄"两国三地"交流对接会。2022年8月16~17日，龙粤俄"两国三地"交流对接会在哈尔滨以线上线下相结合的方式举行，会议邀请广东、黑龙江两省及俄罗斯贸易、交通、金融行业企业代表进行交流对接。广东省地方金融监管局邀请了广发证券、广发银行等机构参会，并由广发银行作为广东金融机构代表进行发言。

（四）开展地方金融风险监测合作

广州金融风险监测防控中心于2018年与哈尔滨市及齐齐哈尔市分别签署合作协议，依托广州市建设的地方金融风险监测防控系统——"金鹰系统"，为其提供地方金融风险监测和预警服务。2022年，"金鹰系统"对哈尔滨市10640家类金融机构，包括3990家农民专业合作社、6019家投资公司、275家私募基金、106家小额贷款公司、94家典当行、90家融资担保公司、63家融资租赁公司、3家商业保理公司，以及其他疑似从事金融活动的企业1708家等进行实时监测，定期提供地区监测报告和舆情监测报告。

二、下一步工作思路

（一）继续推动两省金融机构互设

广东省招商银行、平安银行、广发银行、广发证券等机构均已在黑龙江省设立了分支机构，黑龙江省江海证券在广东省设有5家分支机构。下一步，将继续鼓励推动两省银行、证券、保险等持牌金融机构互设分支机构及营业网点，并引导广东省证券公司、股权投资机构为黑龙江企业提供证券市场对接、股权投资对接等服务。

（二）进一步推进两省资本市场对接

一是支持深交所依托黑龙江基地助力当地资本市场建设。继续鼓励黑龙江省符合条件的企业在深交所上市并做大做强，利用债券、基础设施公募REITs等创新产品盘活存量资产，并参与联合教育培训。二是引导广东创投机构与黑龙江优质科技企业、实体机构对接，不断完善金融服务体系。

（三）加强两省金融监管部门交流互动

一是进一步加强两省金融监管领域交流，加强地方政府金融工作部门互访互学，互派干部挂职锻炼。二是邀请黑龙江省金融监管部门和金融机构参与粤港澳大湾区金融发展论坛、"中国（广州）国际金融交易·博览会"、国际金融论坛（IFF）等金融交流活动。

（四）深化两省金融风险防控合作

继续推动两省在地方金融风险监测防控、防范化解重大风险等方面开展合作，支持黑龙江省继续与广州市金融风险监测防控中心合作，建立和完善黑龙江省非法集资风险防范和处置全链条治理体系，为黑龙江省金融行业稳定健康发展保驾护航。

（撰稿人：李志鹏、王兆财）

第九章　文化和旅游对口合作

广东省文化和旅游厅　黑龙江省文化和旅游厅

2022 年，广东省文化和旅游厅积极贯彻落实《黑龙江省与广东省对口合作"十四五"实施方案》和《黑龙江省与广东省对口合作 2022 年工作要点》，指导对口合作地市扎实推进落实《关于进一步巩固深化黑龙江与广东省城市合作的通知》，围绕粤港澳大湾区建设和东北振兴战略，加强两省文化和旅游部门的沟通交流，持续推进两省文化和旅游业对口合作工作。

一、2022 年工作情况

（一）大力推动文化和旅游产业合作

2022 年 8 月初，广东文化和旅游产业投融资对接会顺利举行，征集收录进入项目库中的黑龙江省文化和旅游项目共 50 个，投资总额达 135.78 亿元，对接会现场发放《2022 广东文化和旅游产业投融资对接会项目手册》，展示黑龙江省的入库项目，力推两省文旅企业在产融合作方面取得实质性进展。2022 年 8 月，广东省文化和旅游厅组织广州广之旅国际旅行社股份有限公司、广东省中国旅行社股份有限公司等旅游企业赴黑龙江省开展考察调研、对接合作，并参加黑龙江省创意设计赋能消费品领域供需对接会、龙粤旅游企业对接会等活动，与哈尔滨冰雪大世界、哈尔滨伏尔加庄园、普罗旺斯薰衣草庄园、哈尔滨极地公园等文旅企业达成初步合作意向，加强两省文旅产业资源对接，为龙粤文旅产业深度合作打下坚实基础。

（二）持续加强文化旅游宣传推广合作

两省文化旅游部门和对口合作地市文旅部门继续加大宣传推广力度，开展"线上+线下""媒体宣传+推介活动"多形式营销合作，持续打造"南来北往，寒来暑往"主题旅游品牌活动。江门市和七台河市、茂名市和伊春市、揭阳市和大兴安岭市，分别通过在微信公众号互发推文、宣传视频、主题推介等形式；汕头市利用文化云等新媒体资源，宣传推广合作地市丰富的文化和旅游资源，先后推出了"'奥运之城'七台河市""去伊春，追春！""春日期盼—静待夏日茂名瓜果飘香时"等主题宣传，得到了公众号粉丝的关注分享。在2022年"520我爱荔"旅游季暨茂名市第四届旅游博览会（线上）活动中设置"伊春旅游"等专题专栏，宣传"小兴安岭踏青、世界地质公园五大连池、林都伊春、五营国家森林公园、汤旺河石林、金山鹿苑、鹤乡扎龙自然保护区"等伊春旅游线路及产品。同时，克服疫情影响，积极开展线下推广合作。齐齐哈尔市组织参加了"广州情一家亲"文化旅游推介会，发布"中国鹤乡　冰球胜地　烤肉之都"文旅产品。鸡西市联合肇庆、澳门、贺州多地共同在珠海举办文旅宣传推介会，推介宣传"谜一样的乌苏里江、海一样的兴凯湖、美丽鸡西不一样的江湖"旅游产品线路和旅游品牌形象。鸡西市和双鸭山市参加在南京、宁波举办的"多彩广佛肇、岭南真味道"广佛肇文旅推介会，进一步拓展客源市场。汕头市和鹤岗市联合参加2022中国国际旅游交易会、2022广东国际旅游产业博览会等文旅专业展会，宣传推广汕头、鹤岗文化旅游资源和旅游产品。佳木斯市在中山市举办了"佳木斯好粮油"下江南中山站和佳木斯市抚远市招商引资推介会活动。鹤岗市组织参加深圳"文博会"，宝泉岭大豆酱、北沉香摆件等旅游特色商品得到了展出。

（三）深化文化旅游项目合作对接

深圳市宝携投资有限公司在黑龙江省投资建设哈尔滨锦然工艺博物馆项目，主要建设哈尔滨俄罗斯琥珀工艺品交易中心、琥珀文化博物馆，开发琥珀"冰城伴手礼"系列旅游商品，打造集购物休闲、文化传播的专业化世界级琥珀交易中心，是深哈合作重点招商项目。中国（深圳）世纪投资有限公司和中国文旅上海翼天文旅集团签订框架协议，在黑龙江省投资建设哈尔滨梦幻冰城文旅综合体项目，打造一站式文化旅游度假目的地、全年龄城市会客厅、全天候亲子度假地。茂名和伊春两地积极推动茂名市冼夫人故里、放鸡岛、浪漫海岸等A级景区与伊春市汤旺河林海奇石、五营国家森林公园、九峰山养心谷、西岭宝宇森林生态旅游度假区等景区合作，共同打造两地"森林康养旅游+海滨度假旅游"联合目的地。

（四）着力推进客源互送共享

广东省着力引导发动广之旅、广东中旅、广东铁青等旅行商的作用，把黑龙江作为重点线路进行营销。2022 年，广东铁青牵头组织了黑龙江漠河专列 1 趟，游客人数约 500 人。东莞市和牡丹江市积极推动旅行社合作，共同设计推出多条精品旅游线路，在东莞市 30 多家旅行社进行市场运营。中山市旅游协会与抚远市文体广电和旅游局签署了战略合作协议，将在企业合作和客源互动等方面开展深度合作。

二、2023 年工作打算

（一）深入推进文化和旅游产业合作

借助深圳"文博会"、广东国际旅游产业博览会、广东文化和旅游产业投融资对接会和"哈洽会"、黑龙江"文博会"等平台，提高两省文化和旅游产业资源互通，继续鼓励更多社会资本积极参与，共同开发两省文化和旅游项目，促进文化和旅游领域的投资合作。

（二）持续打造"寒来暑往，南来北往"文旅品牌

以广东和黑龙江为目的地市场，建立"政府+企业+媒体"的营销宣传机制，不断强化推广两地文化和旅游资源和线路产品，提升目的地文化旅游品牌形象。

（三）大力推动旅游市场复苏

持续发动业界尤其是旅行社和线上旅行商参与策划跨区域旅游连线产品，引导旅游景区、酒店等企业在特定时段为对方游客提供优惠政策，调动企业积极性，大力组织客源互送，共同推动两省旅游市场复苏发展。

（四）增进文化艺术项目交流合作

加强两省文化艺术互学互鉴、互动交流，推动两省在剧目创作、人才培养、交流演出、业务培训、专家聘请等方面进行务实合作，共同打造两省文化项目和产品，促进两省文化艺术资源共享和交流合作。

（撰稿人：许冬琦、张巍）

第十章　卫生健康对口合作

广东省卫生健康委员会　黑龙江省卫生健康委员会

2022 年，按照国家有关东北地区与东部地区部分省市对口合作工作部署和省委、省政府有关工作要求，广东省卫生健康委与黑龙江省卫生健康委克服新冠肺炎疫情不利影响，在建立两省卫生健康对口合作双组长制的基础上，深化合作互鉴，持续推动落实年度工作计划，两省卫生健康领域对口合作扎实有效。

一、2022 年对口合作情况

（一）疫情防控领域相关合作更加紧密

按照工作计划，两地卫生健康部门开展新冠肺炎等传染病防控合作和经验交流，加强信息互通，交流提升新冠肺炎疫情应急处置能力，强化联防联控。2022 年 3 月，黑龙江省多地市出现疫情，当地临床用血出现供应不足的紧急状况，为支援保障黑龙江省哈尔滨市医疗机构临床用血需求，广东省迅速从佛山市、肇庆市和揭阳市共调配 1000 单位红细胞支援黑龙江省，其中，A 型 300 单位、B 型 350 单位、O 型 250 单位、AB 型 100 单位。

（二）两地医院合作交流不断深入

在新一轮东北振兴战略引领下，粤黑两省医院合作交流深入推进，尤其是 2019 年齐齐哈尔市第一医院确立作为南方医科大学非直属附属医院以来，南方医院与齐齐哈尔市第一医院交流合作的深度、广度不断拓展，成为两地医院合作交流工作的典范。齐齐哈尔市第一医院派人到南方医院进修学习、挂职锻炼成为常态，有效促进了齐齐哈尔市第一医院管理水平和医疗技术水平的提升。南方医院先后接收齐齐哈尔市第一医院骨科、乳腺外科、影像、儿科、妇科等专科 10 位临床骨干医生来粤进修学习，青年骨干完成进修返回派出医院，将"羊城"的新技术带到"鹤城"，推广了一系列高难度新技术，造福当地老百姓。

（三）中医药领域合作交流持续深化

南方医科大学与黑龙江省中医药科学院签订战略合作协议，全面展开中医药领域合作。2022 年以来，双方进一步推动中医药人员交流，实施导师互聘 11 人次，开展博士及硕士研究生联合培养，招收研究生 9 名；学校中药制剂省重点实验室接收该学院实验室骨干进行实验技术培训。扎实开展科研合作，实施国家自然科学基金帮扶计划，已获立项 1 项；共同申报黑龙江省揭榜挂帅项目并获立项 1 项；共同申报科技部中医药重大科技专项项目 1 项。积极推进学校科研成果向黑龙江中医药科学院转化，已成功转化专利 1 项。

（四）医学教育交流合作进一步加强

积极推进两省卫生健康专业技术人才交流及培养领域互鉴合作，广东省派出专家赴黑龙江省开展医学人才培养工作调研交流。在 2022 年度住院医师规范化培训结业考核期间，广东省接收逾 30 名疫情防控期间滞留广东的黑龙江省住培学员参加住院医师规范化培训理论结业考核，圆满完成国家考核工作，进一步推动两省医学教育结果互认，促进两省医学教育水平共同提升。

二、2023 年工作思路

（一）加强合作交流

鼓励两省医疗机构间加强医疗技术、科学研究、专科共建等方面的合作交流。继续推动广东省医疗卫生机构参与黑龙江省富余医疗卫生资源改制工作，鼓励广东省医疗卫生机构赴黑龙江省设立分支机构或开展互利合作，增加黑龙江省医疗卫生资源供给。

（二）深化机构合作

继续加强医疗卫生机构合作。持续深化南方医科大学与齐齐哈尔市第一医院合作，进一步开拓合作空间、延伸合作领域、深化合作内容。

（三）加大人才培养力度

进一步提升广东省与黑龙江省卫生健康领域人才，特别是高端人才的合作培养工作力度，不断加强疫情防控、医药卫生体制改革、医学继续教育培训以及中医药等方面的交流合作力度。

（撰稿人：林振达、李东强）

第十一章　科技对口合作

广东省科学技术厅　黑龙江省科学技术厅

2022年，根据《黑龙江省与广东省对口合作"十四五"实施方案》《黑龙江省与广东省对口合作2022年工作要点》相关要求，广东省与黑龙江省在科技领域开展了务实有效的合作。

一、2022年对口合作工作情况

（一）科技管理部门开展交流对接

深圳市科创委与哈尔滨市科技局建立了沟通交流、工作对接关系，分享深圳市高新技术企业培育和科技计划管理工作经验，解读《深圳经济特区科技创新条例》《关于促进科技创新的若干措施》。广州市科技局与齐齐哈尔市科技局常态化开展广州对口合作相关技术需求征集和科技成果发布。茂名市科技局与伊春市科技局以线上形式共同召开合作对接交流会。惠州市科技局与大庆市科技局深入沟通联系，结合科技职能，商讨《大庆市与惠州市2022年对口合作工作要点》内容。肇庆高新技术开发区与鸡西市经济技术开发区进行了多次对接洽谈，就发展"飞地经济"、开展"结对"合作等问题，进行了深入探讨，达成合作开发资源、共建产业园区、招商引资等方面合作共识。江门市科技局与七台河市科技局在江门开展数字经济、生物经济领域人才调研，为进一步集聚数字经济人才、生物经济人才资源打好基础。湛江市科技局向绥化市科技局分享湛江经济技术开发区建设成国家高新区的经验。此外，黑河市科技局到珠海市科技局调研，牡丹江市科技局1名副处级干部赴东莞科技局跟班学习。

（二）创新平台开展交流合作

"哈尔滨—深圳（哈尔滨）产业园—深圳"双向平台联合举办园区科技创新成果展示、发布和创新创业大赛等活动，营造充满活力的科技创新文化。东莞科技孵化协会与牡丹江孵化器联盟拟定合作协议，双方积极开展对接，分享东莞市在高新技术成果转移转化、科技创新服务平台建设等领域工作经验，为牡丹江市孵化器、众创空间提档升级提供借鉴。湛江市国家级孵化器（众创空间）管理运营的智园谷公司团队探索入驻绥化市科技企业孵化器，双方拟建立合作机制，为绥化市科技企业孵化载体注入活力。

（三）创新主体开展联合研发

推动深哈产业园与哈工大本部建立合作，充分发挥深圳市市场化创新优势，促进哈工大科技成果在深哈产业园内落地转化。协调广东省数控机床领域的企业和高校院所会同中国一重、齐重数控等机械制造骨干企业开展产学研合作，其中，广州数控和齐齐哈尔市齐重数控开展"重型数控机床系统国产化"项目合作，黄埔文冲船舶有限公司与中国一重合作开展"船用高硬可焊特种钢研制"项目合作，并将五轴联动数控系统、重型机床装备等创新需求纳入2023年度广东省科技厅高端装备制造重大专项指南论证范围。中燃燃气实业（深圳）有限公司与五大连池市人民政府签订协议，以"五大连池中燃城市燃气发展有限公司"为投资主体，建设"五大连池天然气产业化"项目。深圳大族激光科技产业集团股份有限公司、深圳劲拓自动化设备有限公司与哈尔滨芯明天科技有限公司合作开展配套产品研发；中广核与哈电集团在核电装备方面开展科研合作。深圳微羽科技有限公司与哈尔滨工大微识智能科技有限公司联合开展"数字物联空气开关"智慧化生产线项目。

（四）科技服务机构开展交流互动

粤港澳大湾区金属新材料产业联盟与齐齐哈尔市科技局谋划启动"推动南北互动支撑东北振兴科技合作行动"，东莞市专业科技成果转移机构在牡丹江市开展对接服务，通过科技展会、项目路演等科技活动，促进两市科技成果、企业需求、专家等资源的共享共用，推动东莞市科技成果优先到牡丹江市转化和产业化。广东独联体国际科技合作联盟与黑河自贸片区开展合作对接，双方就联合开展对俄科技合作、协同打造对俄科技创新创业平台达成共识。

二、2023 年工作思路

（一）全面推动深哈科技创新合作向纵深发展

以深哈产业园为抓手，持续全面推动深哈科技创新合作向纵深发展。梳理广东省科技龙头企业与黑龙江高校院所开展合作的技术需求清单，并协助深哈产业园与企业深入对接，谋划在深哈产业园联合成立研发中心等新型研发机构。帮助深哈产业园与广东等地有成功经验的高水平孵化器、众创空间开展深入对接。借助深圳"高交会"等平台，通过举办会中会、展中展等系列举措，重点面向哈工大、哈工程等高校在深圳的校友和群体，吸引更多企业、资金、技术和人才等资源向哈尔滨市集聚。

（二）促进东莞与牡丹江协同创新发展

通过科技展会、项目路演等科技活动，促进两市科技成果、企业需求、专家等资源的共享共用，推动东莞市科技成果优先到牡丹江市转化和产业化。积极引进东莞市先进管理服务模式，促进牡丹江市孵化器及新型研发机构基础设施、服务功能、运营模式完善与提升，助推科技型企业（项目）孵化生成，带动各类高端创新要素集聚，推动区域创新体系发展。

（三）加强组织保障

在进一步明确科技创新方面合作方向的基础上，分别建立对口合作工作协调机制与组织机构，为深入推进两省科技创新合作提供组织保障。

（四）做好培训工作

配合做好黑龙江省相关地市及国家级高新区科技管理部门负责同志赴广东参加"高新技术企业培育赴广东专题研讨班"培训的相关工作。

（撰稿人：郭映琦、王海泉）

第十二章　教育对口交流合作

广东省教育厅　黑龙江省教育厅

2022 年是实施"十四五"规划的承上启下之年，广东、黑龙江两省教育厅坚持以习近平新时代中国特色社会主义思想为指导，积极贯彻习近平总书记关于对口合作的重要指示精神，认真落实国家和两省省委、省政府工作部署，按照《黑龙江省与广东省对口合作 2022 年工作要点》，坚持因地制宜、精准施策，在人才培养、师资队伍建设、科研合作、基地建设等方面开展了一系列具体工作，取得了良好成效。

一、2022 年工作情况

2022 年，粤黑两省教育对口交流合作掀开新篇章，两省共同构建政府、职业院校、行业企业、研究机构和其他社会力量广泛参与的多层次、宽范围、广领域的教育合作体系，充分发挥龙粤职业教育联盟等平台作用，共建职业教育高水平专业（群），共育优质人才，共营教学竞赛环境，共享优质科研资源，共提学校治理水平。

（一）持续发挥职教联盟优势，建立良好合作交流机制

进一步通过龙粤职业教育联盟协同推进粤黑两省职业教育高质量发展，制订了《龙粤职业教育协同发展联盟章程》和《龙粤职业教育协同发展联盟 2022 年工作要点》，两省 19 所职业院校在合作的体制机制上创新发展、专业建设上协同共振、产教融合上资源共享，充分发挥群体优势，共同开创职业教育合作新篇章。两省职业院校通过线上线下相结合的方式开展校级领导层面、职能部门层面、二级学院层面的交流沟通，就对口合作具体工作展开部署筹划，建立了良好的交流机制。2022 年 7 月，广东南华工商职业学院赴

黑龙江旅游职业技术学院太阳岛校区调研交流，双方就龙粤职业教育联盟建设、职教合作实验班、高水平高职学校及高水平专业群建设等方面进行深度交流。广东交通职业技术学院与黑龙江交通职业技术学院定期会商，在深入调研的基础上，修订《职业教育东西协作实施方案》，针对对口协作重点任务制定了切实有效的举措。广东机电职业技术学院与黑龙江省商务学校开展 2 次线上交流活动，进一步在院校治理、教育教学改革、考核机制、校园文化建设等方面互学互鉴、携手共进。2022 年 8 月，顺德职业技术学院与黑龙江职业学院、双鸭山职业教育集团就两地高校以党建引领服务区域经济高质量发展的理念、做法、政策、机制等内容进行深度交流，分享党委在服务地方经济社会发展中的经验做法及典型案例。

（二）加强人才培养合作，粤黑携手育新人

两省院校在人才培养方面展开了深度合作，聚焦高素质技术技能型人才培养，持续探索职教实验班、共享人才培养方案、共育专业人才等新模式。广东科学技术职业学院与黑龙江旅游职业技术学院举办第三届职教实验班，共录取新生 200 人，包括旅游管理、酒店管理、电子商务、会计 4 个专业；两校在空乘专业深化合作，广东科学技术职业学院接收黑龙江旅游职业技术学院空乘班学生 52 人，其中，28 人已安排至与深圳机场等单位合作的实践教学项目班实习，其余 24 人在校内学习。广东工程职业技术学院与黑龙江建筑职业技术学院合作联动，互派优秀学生赴对方学校学习交流，在装配式建筑、智能建造领域课程互认、校企培训、跟岗实践等方面重点交流，共同培养土木建筑领域高素质技能型人才。广州番禺职业技术学院与黑龙江建筑职业技术学院共同研讨专业人才培养方案以及本科层次职业教育建筑工程专业人才培养方案，制定 2022 级专业人才培养方案。广州番禺职业技术学院开放 3 门在线课程，黑龙江建筑职业技术学院开放 2 门在线课程，供双方学生互选，两校选修人数达到 300 人。黑龙江建筑职业技术学院加入广州番禺职业技术学院与机械工业出版社成立的中国双创教育联合虚拟教研室，合力推进双创教育开展。黑龙江旅游职业技术学院牵头完成的《龙粤合作背景下的电子商务专业创新育人模式研究与实践》，荣获黑龙江职业教育教学成果奖二等奖。

（三）加强师资队伍建设合作，提高师资队伍质量

加强教师队伍建设是高校最重要的基础工作，两省院校开展骨干教师联合培养，进一步加深院校之间的交流与合作。广东轻工职业技术学院开展《纵向课题的个人申报与团队协作经验与体会》专题培训讲座，通过腾讯会议同步向大兴安岭职业学院 25 名教师开放线上学习。2022 年 1 月，顺德职业技术学院联合协作院校共同举办"德国'双元制'

教师培训班"，邀请德国高等教育学院董事施尼克，德国职教专家、顺职院特聘教授贝恩德·奥特（Bernd Ott）进行基于德国双元制职教理念的不同阶段教育教学方法的培训，黑龙江职业学院选派 5 名骨干教师参加培训。2022 年 6 月和 11 月，顺德职业技术学院分别举办协作院校教师研修项目"尚贤讲堂"第四讲、第五讲，讲授《职业教育'课堂革命'内涵剖析与实践》《以品立院、以产兴院、以群强院——培养面向未来创新人才的探索实践》，双鸭山技师学院、黑龙江能源职业学院共 121 人参加培训。黑龙江旅游职业学院聘请广东科学技术职业学院商学院林海院长、财会与金融学院杨智慧院长作为学院省级重点建设专业群——数字商务专业群指导委员会（专业）顾问，并邀请林海院长作广东科学技术职业学院商学院重点专业群建设经验分享，为学院专业群建设提供指导与帮助。广东交通职业技术学院曹成涛双师型名教师工作室在广州开展工作室学员集中研修培训，黑龙江交通职业技术学院多人参加，研修基于教师工作岗位，从课程设计、教学理念、课程建设、教科研研究等方面开展。

（四）加强教科研项目合作，提高办学质量

两省院校在教学、科研和社会服务方面开展全面合作，共商、共建、共享，不断提高院校办学质量，助力学校发展迈上新台阶。广东轻工职业技术学院全域思政育人体系在大兴安岭职业学院推广应用，大兴安岭职业学院借此深入推进教学改革，扎实开展科研，实现教学与科研相长相促，有效提升思政教育质量。广东交通职业技术学院积极针对黑龙江交通职业技术学院 12 门轨道交通领域的课程建设提出了指导意见，进一步促进提升轨道交通类课程的质量。广东农工商职业技术学校与黑龙江农业工程职业学校搭建线上专业交流平台，组织优势专业教师互学互促，利用"1+X 邮轮运营服务实训中心"软件平台，为师生制作考证题库和课程复习资源，利用视频直播展示综合实训中心的建设成果，共享课程资源。广州番禺职业技术学院与黑龙江建筑职业技术学院合作编写的立体化教材《建筑构造与识图》即将出版，该教材对接"1+X 职业资格证书""建筑工程识图"国赛竞赛项目，帮助学生解决未来工作中的实际问题，广州番禺职业技术学院与黑龙江建筑职业技术学院联合申报中国建设教育协会课题《智能建造技术专业教学标准的研究》，两院均获得国家级教师教学创新团队立项。广州番禺职业技术学院教师参与黑龙江建筑职业技术学院牵头的国家级建筑智能化工程技术专业教学资源库建设，2022 年 9 月，资源库顺利通过教育部验收。黑龙江旅游职业学院与广东科学技术职业学院加强教材研析活动，合作编写电子商务专业教材《直播运营管理》。

（五）加强基地建设合作，提升育人质量

实训教学是全面提高学生素质的重要教学环节，两省院校在思政教学、专业人才培养等领域共建实训基地，共同培养"四有"新人。为深入学习贯彻党的二十大精神，推进习近平新时代中国特色社会主义思想进教材、进课堂、进头脑，发挥思政课铸魂育人主渠道作用，广东科学技术职业学院拟援助黑龙江旅游职业技术学院建设红色旅游沉浸式体验中心。该中心总投资预算约260万元，广东科学技术职业学院援建92万元，建成后将成为黑龙江旅游职业技术学院标志性思政教育场馆和思政铸魂育人的重要场所，也是展示和宣传粤黑两省合作成果的重要基地。顺德职业技术学院与黑龙江职业学院、双鸭山职业教育集团共建"居家健康养老技术研发培训中心"和"居家养老实训基地"，共同培养实用型、技能型居家养老人才。

（六）开展中俄教育合作，深化教育国际交流

依托广东—黑龙江—俄罗斯州区省州长会晤机制框架以及中国东北地区与俄罗斯远东西伯利亚地区大学联盟等平台，组织高职院校参加"2022（俄罗斯）金砖+欧亚技能远程国际赛"。组织全省中小学参加中国教育国际交流协会与俄罗斯伊万诺沃国际儿童院举办的"2022中俄儿童创意节"活动，活动以"童话之旅"为主题，鼓励两国青少年发挥创新能力，通过绘画、视频等各种艺术形式，探索友好邻邦同龄小伙伴的精神世界，了解彼此国家丰富的文化遗产。2022年，广东省教育厅共征集各地各校612项绘画类、视频类作品，邀请专家遴选100项优秀作品并向中国教育国际交流协会推荐，共获金奖12项、银奖32项、优秀奖37项。大力支持深圳北理莫斯科大学建设、发展，指导其做好党建、思政、意识形态等工作。支持深圳北理莫斯科大学开展庆祝中俄元首致贺辞五周年暨2022年开学典礼等系列活动，支持该校积极参加中俄合作办学高校联盟，促进中俄高校交流。

二、2023 年工作计划

2023年，两省将继续在人才培养、教师队伍建设、科研与社会服务、基地建设等方面展开深度合作，探索两省教育协同发展新模式。

（一）持续加强两省院校领导互访，深化对口合作工作

继续开展两省院校间领导互访交流，精准掌握对口院校发展的瓶颈与困难，整合资源，在合作机制上继续细化完善，在精、实、准、效方面下功夫，不断深入推进对口合作

工作。

（二）完善龙粤职教联盟联动机制，推进联盟建设方案落地

组建龙粤职业教育联盟专家信息库、校企合作资源库，推动联盟成员加入"云中高职"体系，形成资源共建共享；推广辐射职教改革经验，发挥示范引领作用。扩充联盟力量，扩大联盟影响力；开展联盟成员校师资培训和实验班学生实践教学活动，提升人才培养质量。

（三）打造人才培养特色品牌，创新人才培养模式

以广东科学技术职业学院和黑龙江旅游职业技术学院为示范，推广人才联合培养模式和经验，协助顺德职业技术学院深入落实现代学徒制领域的合作。加强两省院校间二级学院的对口交流，探索专业技能人才培养模式，共建同类重点专业。

（四）持续推进两校间干部、骨干教师挂职锻炼

继续互派干部到对口院校挂职锻炼、轮训培训、"插班"学习，学习借鉴先进管理经验。组织骨干教师、专业带头人、教研室主任等到对口院校进修，继续发挥名师工作室平台作用，加强骨干教师常态化联合研修工作，促进授课教师快速成长，提升教学质量。

（五）继续携手推进中俄教育国际交流合作

在广东—黑龙江—俄罗斯州区省州长会晤机制框架下，充分发挥中国东北地区与俄罗斯远东西伯利亚地区大学联盟、中俄三省（州）校外教育联盟等平台作用，开展粤黑俄高等教育与科研合作，开展中俄青少年交流活动。支持深圳北理莫斯科大学加快发展。

（撰稿人：梅毅、李洁雯、杨倩、李海涛、张树舰、张金瑶）

第十三章　人力资源交流合作

广东省人力资源和社会保障厅　黑龙江省人力资源和社会保障厅

2022 年，广东省、黑龙江省人社部门坚持以习近平新时代中国特色社会主义思想为指导，深入贯彻落实《黑龙江省与广东省对口合作 2022 年工作要点》要求，积极克服新冠肺炎疫情影响，持续加强两省技工教育交流合作，共同推动人才队伍发展。

一、2022 年对口合作情况

（一）巩固技工院校对口合作机制

持续推动广东省机械技师学院、深圳技师学院、广东省城市技师学院、广东省技师学院、东莞技师学院与黑龙江技师学院、哈尔滨技师学院、哈尔滨铁道技师学院、大庆技师学院、牡丹江技师学院深化对口合作，采取灵活多样、线上线下相结合的方式推动合作业务的开展，巩固互访交流机制，在校企合作、人才培养、专业建设、多元评价、世赛培训、教学改革、师资培训、信息化建设等方面拓展合作意向，推动交流互鉴。

（二）创新技工院校交流形式

2022 年 7 月 20 日，哈尔滨铁道技师学院邀请广东省城市技师学院参加黑龙江省与广东省技工教育对口合作 2022 年教学改革研讨交流会，重点围绕汽车维修、铁道施工与养护、城市轨道交通运输与管理等专业，共同研讨工学一体化教学改革。深圳技师学院、哈尔滨技师学院通过电话、视频会议等方式开展校际教科研活动，持续开展以世赛为基础的综合布线项目培训、云计算项目培训、物联网项目培训，在产教融合、校企合作、专业建设经验、世赛备赛、一体化课程改革及学生管理等方面明确了合作意向。

（三）丰富拓展交流合作载体

广东省城市技师学院、哈尔滨铁道技师学院以学生技能大赛为载体，通过互派评委方式开展交流，同时推动哈尔滨铁道技师学院电工专业实训室第二期项目建设，顺利完成实训室建设、功能模块开发、电工技能鉴定功能增设等方案制定和建设开发。深圳技师学院、哈尔滨铁道技师学院推进共建高技能人才培养基地。

（四）加强专业技术人才交流培训

广东省举办"新一代信创关键技术研发与应用""信息技术应用创新与发展""农业实现碳中和技术研究"3 期国家级高级研修项目培训班，邀请黑龙江省一批高层次专业技术人才来粤培训。

二、2023 年工作打算

按照双方省委、省政府相关工作部署，持续开展两省人才培养交流合作。

（一）进一步加强技工教育办学交流互访

在各方面条件允许的前提下，推动双方技工院校领导、中层干部以及教师各开展一次交流互访，进一步深入交流办学理念、办学特色、内涵建设、校企合作、师资培养、教学改革、办学成果等方面的经验做法，以更宽的视野、更远的眼光谋划推动对口合作。

（二）持续探索联合培养模式

进一步加强世界技能大赛项目交流及选手培养，重点围绕工业机械装调、电子技术等专业，通过世赛基地建设、选手选拔、选手共育、教练交流、一体化课程开发、共建世赛项目团队等形式开展世赛项目交流，推动各级竞赛互派选手同台竞技，提升双方实训教学水平和技能竞赛水平。

（三）继续开展专业技术人才交流培训

继续在国家级知识更新工程高级研修班中给予黑龙江省培训名额支持，进一步深化两省专业技术人才和高级管理人才的培训合作。充分发挥黑龙江省科创资源优势和广东省产业发展优势，继续推进两省高层次人才资源互动交流，带动技术、智力、管理、信息等要素双向流动。

（撰稿人：赵媛英子、李宏）

第十四章　城乡建设与管理对口合作

广东省住房和城乡建设厅　黑龙江省住房和城乡建设厅

按照《东北地区与东部地区部分省市对口合作工作方案》《东北地区与东部地区部分省市对口合作工作评估办法》要求，广东、黑龙江两省住房和城乡建设部门围绕《黑龙江省与广东省对口合作2022年工作要点》落实两省对口合作工作部署，扎实开展城乡建设与管理对口合作。

一、2022年对口合作基本情况

（一）支持黑龙江省住房和城乡建设厅政务信息化建设

1. 支持黑龙江住建领域提升政务服务数字化、智能化水平

根据黑龙江省住建行业工作实际情况和业务需求，不断深化拓展"黑龙江省住房和城乡建设政务服务管理信息系统"功能，完成以下工作：一是按住建部正式发布的安全生产许可证和特种作业资格证书电子证照规范，完成系统相关功能改造，并于2022年10月1日前上线运行；二是按黑龙江建筑业企业安管人员考试管理工作需要，重新开发安管人员继续教育考试和培训记录、特种作业人员继续教育培训记录等相关接口；三是完成新版房地产开发企业资质和工程质量检测机构资质的换证及系统调整。

截至2022年10月底，黑龙江省住房和城乡建设政务服务管理信息系统实现省级45项政务服务事项100%网上全流程办理、13项公共服务事项100%网上全流程办理，汇集行业企业2.3万家、从业人员43.8万名、各级行政主管部门232家、行政工作人员席位500多个，累计办理各类业务事项60万件，签发各类电子证书28万份。

2. 支持黑龙江省住建厅提升政务服务系统技术维护水平

根据黑龙江省住建厅需求，开展"黑龙江省住房和城乡建设政务服务管理信息系统"技术维护服务，一是推进数据资源共享交换，包括与黑龙江省住建数据资源中心数据共享、黑龙江省政务服务网所需数据对接、住建部新标准数据对接等；二是根据网络安全防护要求，对系统进行安全加固，配合开展漏洞修复等工作，保证系统安全稳定运行；三是提供日常技术维护咨询服务，指导信息系统业务流程配置和系统权限设置，及时解决相关技术堵点和难点等，确保信息系统平稳安全运行。

3. 支持黑龙江省住建厅提升执业人员政务服务能力

按期完成黑龙江省住建系统执业人员"网上办"政务服务管理信息系统建设，进一步提升面向黑龙江省住建系统执业人员的政务服务能力，实现人员相关证书管理业务全程电子化、不见面、智能化（秒办）。同时，系统接入黑龙江省营商局电子证照系统，实现全省建筑施工企业安全生产管理人员、二级注册建造师等电子证照的签发和数据共享。

（二）支持黑龙江省住房和城乡建设厅人才队伍建设

2022 年，广东省住房和城乡建设厅在深化拓展与黑龙江省住房和城乡建设厅在建设行业信息化建设开展交流合作实践取得的良好工作成效的基础上，继续落实干部跟岗交流锻炼工作。2022 年 7 月上旬，黑龙江省住房和城乡建设厅选派 1 名副处级干部到广东省住房和城乡建设厅相关处室跟岗锻炼交流。广东省住房和城乡建设厅对黑龙江派出干部跟岗锻炼事宜做了周密的安排，通过召开座谈会、开放厅机关办公系统权限、组织参加行业研讨会，协助到地级以上市住房和城乡建设系统相关部门调研等做法让来粤交流学习的黑龙江干部更深入了解广东在住房城乡建设方面的经验和做法。同时，广东省住房和城乡建设厅围绕建筑领域节能降碳、绿色建筑、超低能耗建筑等方面积极与黑龙江省住建厅开展合作交流，先后组织赴广州、深圳、佛山、东莞、珠海、肇庆、汕头、韶关等地实地调研绿色建筑、超低能耗建筑、既有建筑节能改造和可再生能源建筑应用等方面的情况，介绍广东省发展经验做法，为黑龙江省住建领域对口业务建设提供借鉴。黑龙江省住房和城乡建设厅的同志表示此次来粤跟岗学习，在勘察设计行业管理、建筑节能与绿色建筑立法、BIM 装配式建筑技术应用、全过程工程咨询、工程总承包管理等方面得到了很多行业监管新思路，开阔了视野、更新了观念，受益匪浅。

（三）开展合作交流，相互学习借鉴行业发展经验

围绕建筑领域节能降碳，在城乡建设领域政策制定及绿色建筑、超低能耗建筑等项目建设方面与黑龙江省住建厅开展合作交流。一是在城乡建设领域碳达峰实施方案编制上相

互促进。分析部门协调中的矛盾，对标国家和省的政策落实情况，及时更新、补充和完善相关任务和措施，力求为全省住房城乡建设绿色低碳发展提供更具操作性的工作指南。二是在绿色建筑、超低能耗等节能降碳实施上明晰了思路。从南北方不同的气候适应性到南北方不同的技术路线，进一步深化发展的方法路径。三是在区域集中供冷调研上启发了思路。学习北方集中供暖的技术路径和管理模式，分析比对成本差异、需求差异和管理机制，启发了南方区域集中供冷的发展思路。

二、2023 年工作思路

2023 年，两省住建部门将继续在城乡建设绿色低碳发展及业务信息系统建设等方面持续开展交流合作，广东省住建厅将继续支持黑龙江省住建厅政务信息化建设工作，根据既定工作计划和住建部建设工程企业资质管理制度改革要求，一是根据新的建设工程企业资质标准实施进度要求，适时开展政务服务系统的适应性调整改造工作；二是根据黑龙江省营商局关于政务系统上云和国产操作系统适配要求，完成有关系统迁移上云和国产操作系统适配调整工作。

（撰稿人：杜筱靖、朱学武、唐民）

第十五章　营商环境优化合作

广东省发展和改革委员会　黑龙江省营商环境建设监督局

2022 年，两省在优化营商环境方面深化交流合作，坚持法治引领和市场导向，协同推进广东经验在黑龙江的本土化移植，黑龙江省制度体系更加完备，政务服务效能明显提升，两省营商环境对口合作取得明显成效。

一、2022 年工作开展情况

（一）深化制度层面交流，完善法规文件顶层设计

一是开展立法交流合作。黑龙江充分学习借鉴《广东省优化营商环境条例》《广东省社会信用条例》立法经验，结合当地实际，加快推进优化营商环境领域立法立规，出台《黑龙江省促进大数据发展应用条例》《黑龙江省社会信用条例》，研究起草《黑龙江省投资促进和服务保障条例》，积极推动《黑龙江省优化营商环境条例》修订。二是加强实地考察交流。2022 年 6~8 月，黑龙江省营商局、地方金融监管局到广东考察，就提升政务服务水平和信贷可获得性等主题进行专题座谈，交流"十四五"金融发展规划，并将广东省一体化政务服务体系、"一网统管""一件事"等经验纳入《黑龙江省人民政府关于加强数字政府建设的实施意见》。三是建立社会信用领域常态化沟通机制。双方就黑龙江省率先制订的《黑龙江省公共信用信息补充目录（2022 年版）》和《黑龙江省失信惩戒措施补充清单（2022 年版）》的参考性和推广性进行深入交流探讨，广东省加快推动本省目录和清单的出台，研究制订守信激励措施清单。

（二）以广东为样本，推进黑龙江政务服务效能提升

加强与黑龙江省政数局的工作经验交流，指导黑龙江借鉴广东省政务服务网、"粤省事""粤商通""粤政易"等"掌上办"App 应用经验，在政务服务事项、网上可办、即办程度、跑动次数、承诺时限压缩比、便民服务、特色应用等方面，不断缩短差距，持续提升政务服务标准化、规范化、便利化水平。一是提升政务服务效率。黑龙江省级政务服务事项网上可办率达到 99.12%，依申请类政务服务事项平均跑动次数为 0.1 次，零跑动率 83.1%，承诺时限压缩 59.96%。二是打造泛在可及的便民服务，黑龙江政务服务网和"全省事"App 设置"办事不求人""个人二手房更名过户""投资服务政企通""防疫服务""俄罗斯人办事""信易贷""机动车服务""雏鹰计划"等特色服务栏目。

（三）深入开展招商引资，以服务保障推进项目落地

一是双方招商引资合作深入开展。借助世界 5G 大会举办之机，支持黑龙江省工业和信息化厅在深圳市举办招商对接会，吸引珠三角地区近 200 家数字经济领域企业参会。支持七台河市在深圳市举办招商引资推介会，30 多家商协会及企业代表参会。支持齐齐哈尔市在广州市设立招商中心，持续开展常态化工作对接，全年走访企业 134 个、商协会 98 家。二是做好招商引资项目服务保障。黑龙江省充分发挥"领导包联+专班+首席服务员"机制作用，聚焦项目服务保障，将 232 个投资来源地为广东省的入统招商引资项目列入全省招商引资项目服务保障监督平台动态监管。各级包保领导实地走访调研、专题协调解决问题，首席服务员密切联系项目，"有事上门，无事不扰"，全程代办帮办项目报建审批和政务服务事项，强化要素供给，有效助力招商引资落地项目的建设。

（四）各地市结对合作，推动高频政务服务事项"跨域通办"

哈尔滨市与广州市、沈阳市、长春市签订了"四省会城市"《政务服务"跨省通办"合作协议》。哈尔滨市 164 项通办事项与广州市 28 项通办事项实现政务服务网"跨省通办"专区办理。

广州市支持齐齐哈尔市推广数字政府建设做法，通过推进政务服务"一网通办"、建立企业需求服务中心实现政务服务"跨省通办"，齐齐哈尔市可通过黑龙江政务服务网"跨省通办"主题服务模块线上办理广州市政务服务事项 2639 项。

佛山市助力双鸭山市深化"综合窗"改革，推行异地服务，双鸭山市政务服务中心设立"区域通办"专窗，提供佛山市部分事项的全程网办和异地代收代办服务；人社、市场监管方面 33 项政务服务事项可在佛山市通办，佛山市本级、禅城区等 252 项政务服

务事项可在双鸭山市政务服务中心通办。

江门市协助七台河市采购"粤智助"政务服务自助终端设备 180 台；江门市新会区与牡丹江海林市对接联系，签订授权委托协议，实现税务、市场监管方面共 32 个事项"点对点区域通办"。

肇庆市借鉴鸡西市设立登记办事环节"审核合一"，简化审批流程，共促营商环境优化提升。

伊春市推进公积金、市场监管、人社方面 33 项政务服务事项与茂名市"跨省通办"。

二、2023 年工作思路

2023 年，两省将继续深化营商环境交流互鉴，巩固合作成效。围绕数字政府改革、信用体系建设、营商环境评价等重点领域，定期开展工作互访和座谈交流，加强广州、深圳营商环境创新试点城市经验在黑龙江因地制宜复制推广，助力黑龙江继续优化政府服务，推进营商环境高水平建设。

（撰稿人：解慧敏、赵若潇）

第十六章　广电合作

广东省广播电视局　黑龙江省广播电视局

2022 年，广东、黑龙江两省广电部门进一步落实《广东省广播电视局　黑龙江省广播电视局　共同推进广播电视行业发展合作框架协议》，对照《黑龙江省与广东省对口合作 2022 年工作要点》，在媒体宣传、媒体传播、项目合作等方面深化交流合作，为两省进一步合作发展营造良好的舆论氛围。

一、2022 年对口合作情况

（一）利用主流媒体宣传优势，力促两省旅游合作提质增效

一是广东广播电视台充分利用两省地理环境、气候特点、人文景观的迥异，继续策划推出"寒来暑往，南来北往"旅游线路产品，以品牌效应继续推进两省旅游合作。2022 年，广东广播电视台主要以"向北方，找北去，我们在北方最美的季节等着你"为主题，推出"冰雪欢乐颂""臻享冰雪""觅雪冰城""冰雪欢畅游"等系列特色线路产品。该系列产品已陆续在广东省内各大合作旅行社推出销售，有效加强了两地往来沟通。二是广东广播电视台利用中国电视旅游联盟的优势，继续与黑龙江都市频道合作建立优秀文化资源共享机制，给予节目资源的支持，通过广东广播电视台《一起旅游吧》栏目宣传和推广，促进两省文化、旅游的交流与合作。三是广东广播电视台在春节假期版面已经定版的情况下，调整几个电视频道的春节播出版面，在电视大屏端南方卫视、影视、少儿、经济科教频道播出了黑龙江省广播电视局推选的宣传片《库尔滨雾凇》，合计 36 次。应时安排宣传短片在北京冬奥会前夕播出，趁着冰雪运动兴起的热度，达到了较好的传播效果。

同时广东广播电视台台属新媒体"触电新闻"App 发布短视频《大美中国：北国风光冬日幻境——库尔滨雾凇》。通过在广东省级主流权威媒体网上网下联动宣传，进一步推介了黑龙江冰雪旅游资源，为深入挖潜广东本地旅游消费需求，促进两省文旅资源、文旅产业密切合作创造了舆论环境，推进了两省广播电视行业对口合作。

（二）聚合媒体传播力，突出宣传两省合作交流质效

广东卫视《广东新闻联播》报道《王伟中出席黑龙江省—广东省—俄罗斯哈巴罗夫斯克边区三方省州长视频会晤　探索合作共赢新模式　促进中俄地方友好合作》，深圳卫视《深视新闻》报道《深圳市政府代表团到哈尔滨考察对口合作　许勤会见代表团一行并参加考察》，汕头融媒集团"汕头政务发布"公众号发布《"鹤岗好粮油"走进汕头！汕头、鹤岗合作发展大有可为》等。

（三）加强项目合作，推动合作共赢

一是聚焦龙粤双方合作项目，精心策划，讲好两省合作故事。《黑龙江赴粤招商引资签约超 61 亿元》等 10 篇报道有力地展现了广东专精特新"小巨人"企业善行医疗、广东肇庆星湖生物科技股份有限公司独资子公司肇东星湖、广东省汕头市龙谷贸易有限公司、广东立威化工有限公司、汕头市乐航米业有限公司等在黑龙江的投资项目和发展情况，展示了龙粤合作的共赢局面，让大家看到了未来发展的美好前景，营造了吸引龙商积极来粤投资、粤商赴龙江创业的良好氛围。如《龙商同奋进　共创新未来》报道采访龙商总会常务副会长、广东长青（集团）股份有限公司董事长何启强，通过他的奋斗历程，讲述龙江企业家在广东创业发展的故事。《（黑土优品）克山土豆　名扬八方》《稻花香里护丰年　筑牢秋收平安路》，讲述了黑龙江省帮助广东云鹰农业集团克山分公司修理设备、消除用电安全隐患、护航秋收顺利进行的故事。二是协同做好节目落地覆盖。为保障广东卫视、深圳卫视节目在黑龙江省传输，中国广电黑龙江网络股份有限公司与广东卫视和深圳卫视在节目落地覆盖方面签署合作协议，充分利用大数据平台，分析直播频道收视率及收视份额，为广东卫视和深圳卫视频道精准覆盖提供参考依据；广东卫视、深圳卫视频道及节目宣传得到黑龙江省充分配合，提高了在黑龙江地区收视率及收视份额。三是加强工程项目合作。广东省网、天威视讯和珠江数码公司大力支持中国广电黑龙江网络股份有限公司承揽工程。其中，深圳天威龙岗区"三线落地"试点工程，高质量、高标准完成施工，并通过地方政府验收，被评为质量标杆和样板工程，赢得了天威公司的充分认可。2022 年，黑龙江网络股份有限公司承揽天威视讯公司广电工程项目金额合计 900 余万元，与珠江数码公司也开展了合作，已承接 50 余万元的试点工程。

二、2023 年工作思路

（一）整合宣传资源

整合宣传资源，加大对黑龙江景点景区、历史文化、特色美食的全媒体宣传力度，扩大黑龙江文旅的美誉度和社会影响力。

（二）打造全国主要客源地线下推广活动

联合中国电视旅游联盟、黑龙江文旅厅打造全国主要客源地线下推广活动，拉动客源地的互通，吸引更多游客到黑龙江旅游。

（三）联合推出旅游产品

联合广东广播电视台文旅板块战略合作伙伴、广东省主要组团社，如广之旅、康辉旅行社、广东铁青等，对黑龙江的旅游产品、研学产品进行研发、打磨，推出更多深受消费者喜爱的旅游产品，为寒来暑往、推动两省的交流合作作出贡献。

（四）进一步深化人才交流合作机制

组织双方技术、业务从业人员短期交流挂职，开展相互学习、经验交流等活动。

（五）加强技术创新交流合作

广东省广播电视局加大对黑龙江广播电视和网络视听行业科技创新的支持力度，推进技术的综合应用、集成创新，加快技术研发向场景应用的转化，推动两省广播电视加速从数字化网络化向智慧化发展。

（撰稿人：彭秋华、刘钊）

第十七章　宣传文化交流合作

中共广东省委宣传部　中共黑龙江省委宣传部

2022 年以来，全省宣传文化系统深入学习贯彻党的二十大精神，全面落实省委、省政府工作部署，围绕落实《广东省发展改革委关于印发黑龙江省与广东省对口合作实施方案及任务分工安排表的通知》《广东省与黑龙江省文化产业发展战略合作框架协议》要求，对照《黑龙江省与广东省对口合作 2022 年工作要点》，坚持优势互补，扎实推进与黑龙江省文化领域对口合作，取得了新进展、新成效。

一、两省宣传文化领域交流密切，创意设计产业合作不断加强

全省宣传文化系统积极克服新冠肺炎疫情冲击，不断创造条件，确保推进对口合作各项工作。一是重点围绕创意设计产业加强合作。2022 年 8 月 24～26 日，广东省委宣传部分管领导同志带领省有关文化企事业单位，赴黑龙江省哈尔滨市调研交流。调研组参加了黑龙江省创意设计赋能消费品领域供需对接会，会议以深化龙粤合作为契机，聚各方之力，提升创意设计产业能级，打造新经济增长点，助力文化产业提档升级、高质量发展。两省文化企业进行了广泛对接，其间，深圳（哈尔滨）产业园、哈尔滨理工大学分别与广东东方麦田工业设计股份有限公司签订了战略合作、共建数字技术与创新创意产业学院项目协议等。二是积极开展文化旅游交流合作。在哈尔滨组织召开两省文化旅游产业供需对接会，就两省合作的重点领域、合作方向、合作方式以及意向性合作项目等进行了充分沟通，特别是在文化旅游宣传推广、新闻出版合作、广电内容和渠道合作等多个项目上达成合作意向。广之旅集团在供需对接会现场决定，再采购 2000 个机位，服务广东游客黑

龙江秋色游项目。三是开展常态化工作沟通。在文化领域加强与黑龙江宣传文化系统对口沟通联系，经常性交流在文化事业和文化产业发展、文旅融合、研学服务等方面的重点项目和工作构想，不断深化观念互通、思路互动、办法互学。

二、两省对口合作交流成果宣传生动活跃

广东省委宣传部指导广东媒体加大对口合作工作的宣传力度，结合"广交会""高交会""文博会""中俄博览会"等节点，以及两省重大合作项目、合作平台的新进展新成效，通过专题报道、图文报道、视频、海报、H5 等融媒体形式，积极宣传两省合作交流成果。南方报业传媒集团和黑龙江报业集团合作共建"粤龙合作"频道，分别在"南方+客户端"、龙头新闻客户端上线，频道设有"热点""风物""联动"等栏目，做好黑龙江旅游、商务、发展成就宣传，报道新鲜权威资讯，展现两省合作新动态、新举措、新成效，累计发稿 268 篇，累计端内流量超 1000 万。同时，依托"南方+客户端"打造"黑龙江招商南方号"平台，近一年来发稿 69 篇，聚焦对口合作典型案例、新时代十年伟大成就、两省招商合作新动态、经济社会发展新亮点等，记录两省高质量发展历程，讲好两省合作交流鲜活故事。

三、下一步工作计划

接下来，我们将继续按照两省对口合作整体部署，加大工作力度，重点做好以下几项工作：

（一）完善交流合作机制

在龙粤两省对口合作工作机制框架下，两省宣传部牵头，推进常态化沟通交流。

（二）共建合作平台

充分利用深圳"文博会"、广州国际纪录片节、东莞"漫博会"、南国书香节、"中俄国际博览会"等两省具有较大影响力的文化活动品牌，共同打造一个在全国知名的龙粤

文化会展或活动品牌，为两省文化产业对口合作提供平台，深入推动两省在"文化+金融""文化+科技""文化走出去"等领域加强合作，共同建设一批有市场前景、有文化特色、互利互惠的文化龙头项目和示范项目，加快形成集聚效应。

（三）推进干部人才交流培养

以对口合作为契机，推动新闻、出版、文艺等人才，以及文化企业经营管理人员双向挂职交流。依托高校、培训机构等，定期组织两省宣传文化领域的领导干部、企业管理人员、专业技术人员培训，推动两省文化领域人才培养合作，全面提升产业发展水平。

（四）进一步强化合作交流成效成果宣传

调动全省各级各类媒体资源，抓住重要会议、重要活动开展的契机，大力宣传两省合作交流成果，为合作交流营造更加浓郁的舆论氛围。

（撰稿人：刘长亮、孙相林）

第十八章　旅居养老服务合作

广东省民政厅　黑龙江省民政厅

根据国务院和省委、省政府的工作部署安排，两省民政部门加强交流合作，积极搭建和推动"旅居养老"服务平台，为养老服务创新发展提供广东方案，持续推进对口合作工作开展。

一、2022年工作情况

（一）高位部署全面推动

广东省民政厅党组高度重视旅居养老工作，2022年以来多次召开专题会研究部署推动旅居养老工作，并将其纳入《2022年广东民政工作要点》。广东省民政厅党组书记丁红都针对养老服务工作包括旅居养老等在全省范围内开展专题调研，为推动旅居养老工作指明方向；厅业务处室认真落实《广东省、辽宁省、吉林省、黑龙江省民政厅旅居养老合作框架协议》，积极与签约省份进行供需对接，持续推动"旅居养老"合作协议落实落地。

（二）规范旅居养老服务标准

依托省际旅居养老对口合作产业服务平台、旅居养老智库专家委员会研究制订适用于各省份的《旅居养老服务总则》《旅居养老基地设施建设和运营管理指南》《旅居养老服务合同》《老年人旅居养老服务规范》《旅居养老保险保障方案》等，共享共用，发挥标准和规范在信用监管、风险监测、品牌培育、质量担保、保险保障等方面综合效能，推动旅居养老服务品牌建设。按照《旅居养老示范基地评选标准》，共评选出旅居养老示范基地66家，其中广东省11家、辽宁省5家、黑龙江省5家、江西省9家、广西壮族自治区36家。旅居养老示范基地的建立，标志着旅居养老进入新阶段。

（三）拓宽旅居养老新版图

自粤、辽、吉、黑、赣、桂、湘、渝、川、黔、陕等省区市签订旅居养老协议后，为扩展旅居养老项目，粤、晋、滇、宁四省区签署旅居养老合作框架协议，标志着旅居养老服务市场又添新版图。拟订《十四省区市旅居养老合作规程》，14省区市发挥各自在生态、气候、环境、文化、资源等方面的互补优势，共同打造旅居养老新业态，推动养老服务事业与产业高质量协同融合发展。

二、2023 年工作思路

2023年，广东省民政厅将根据国家和省委、省政府的部署要求，结合粤黑两省特点和优势，进一步完善交流合作机制，搭建好合作平台，按照政府推动、市场运作的原则，充分发挥市场在资源配置中的决定性作用，推进两省在养老服务领域的深度交流合作。

（撰稿人：宣力、王曼瑶）

第十九章 广东自贸区与黑龙江自贸区合作

——南沙片区与绥芬河片区合作

中国（广东）自由贸易试验区广州南沙新区片区管理委员会

中国（黑龙江）自由贸易试验区绥芬河片区管理委员会

为深入贯彻落实黑龙江省与广东省对口合作有关文件要求，黑龙江自贸区绥芬河片区与广东自贸区南沙片区在制度创新、政务服务、产业发展、金融创新、贸易便利化、人才引进与交流等领域深化合作，探索创新经验相互复制推广的联动试验、互补试验、协同试验，发挥示范带动、服务全国的积极作用，取得了积极成效。

一、2022 年工作成效

（一）共享先进经验

南沙新区片区作为较早获批的自贸片区，在制度创新方面开展了系列改革探索，绥芬河片区重点学习南沙新区片区在制度创新方面的先进经验，将改革举措带土移植复制推广。南沙新区片区与绥芬河片区共享了《中国（广东）自由贸易试验区广州南沙新区片区制度创新案例汇编》，汇编涵盖南沙自贸片区积累的大批创新经验，从投资便利化、贸易便利化、政府职能转变、金融开放创新、法治营商环境等六个方面精选制度创新案例，双方就两地制度创新发展情况互学互鉴。2022 年，绥芬河片区借鉴南沙片区"照章银税金保"一次办结的创新经验，结合当地情况推行企业开办一站式、大礼包，探索形成"企业开办'一站式'服务模式"制度创新案例，实现了营业执照、刻章备案、银行基本户开户、税务初领发票、公积金单位开户登记、社保缴费登记险种核定 6 个企业开办必办环节半日办结。同时,南沙新区片区与绥芬河片区线上交流分享国家进口贸易促进创新示范区工作经验,为绥芬河片区争创工作提供支持,绥芬河于 2022 年 11 月 3 日获批国家进口贸易促进创新示范区。

(二)加强片区合作交流

绥芬河片区先后多次赴南沙新区片区进行考察调研及开展专题对接,推动合作协议相关内容取得进展。2022 年 5 月 19 日,绥芬河片区管委会专职副主任何炳利率考察组一行赴南沙片区考察交流,实地考察了大湾区国际艺术品保税产业中心、南沙港集装箱码头、南沙综保区等项目,双方就两地自贸区建设、制度创新、贸易便利化等情况开展座谈交流,分享改革经验与做法;在国际物流、陆海联运、木材加工、电子商务等领域寻求合作机会,并围绕南沙港与符拉迪沃斯托克港货物运输合作事宜对接洽谈。

二、下一步工作计划

绥芬河片区与南沙片区将持续推动深化对口合作。

(一)完善联络协调机制

加强业务层面联系沟通,统筹协调合作重点项目推进、合作过程中的有关重大问题,共同营造有利于协同发展的良好环境,实现优势互补、共赢发展。

(二)强化制度创新

深化双方政府服务改革和制度创新经验交流与合作,不断推进金融合作,持续深化贸易合作,探索推出一批高水平创新举措。两地将继续共同深入研究制度创新案例机制,在跨境贸易、金融平台、知识产权等方面学习借鉴,构建和完善政府、智库机构、企业以及其他社会组织广泛参与的多层次、宽领域的改革创新协作模式。

(三)推动优势产业合作发展

抢抓粤港澳大湾区建设和东北振兴战略深入推进的重大机遇,集聚产业发展新优势,积极探索跨区域要素共享、产业互动、协同发展的新路径,靠大联强,在跨境物流通道、跨境电商等方面深挖合作空间,深化资源开发和精深加工、优势产业和产品延伸升级、高新技术成果产业化等方面的务实合作，共同拓展东北亚市场；积极探索企业对接联动、项目载体共建的深度合作，加快推进对口合作向纵深发展，努力实现更高层次、更大范围、更广领域、更多形式的合作共赢。

（四）共建配套服务体系

发挥绥芬河自贸片区对俄贸易、互市贸易等优势以及南沙自贸片区在国际贸易、航运物流、仓储配送、全球分拨等方面的资源优势和南沙全球溯源中心数字经济公共基础设施集成创新优势，推进两地共建全球溯源中心合作；加强两地外贸链条的配套协作，促进相关联的物流、仓储、供应链、金融等生产服务、外贸综合服务有序发展。

（撰稿人：王子晴、司学婧）

第二十章　对俄外事交流合作

中共广东省委外事工作委员会办公室
中共黑龙江省委外事工作委员会办公室

2022 年，广东省委外办根据《黑龙江省与广东省对口合作 2022 年工作要点》，抓住与黑龙江省对口合作机遇，借助中俄友好、和平与发展委员会地方合作理事会平台作用，积极发挥三方合作模式优势，不断深化龙粤俄"两国三地"交流互动。其间，两省外办积极对接，不断改进合作模式，形成若干经验做法。

一、2022 年工作情况

（一）共同制订合作计划

通过制订年度两省共同对俄合作计划，明确全年开展对俄活动思路，更高效地发挥两省外办统筹协调作用，协同省内各地各领域形成对俄工作合力。自 2021 年 1 月两省外办签订关于建立外事部门间对口协作关系的备忘录及《2021 年黑龙江省、广东省联合开展对俄合作计划》以来，2022 年 1 月，两省外办继续制订《2022 年黑龙江省、广东省联合开展对俄合作交流活动计划》，统筹安排全年对俄合作计划。

（二）加强顶层设计

通过推动高层交往、加强顶层设计，持续拓展黑龙江—广东—俄罗斯三方省州长定期会晤新模式，制定并推动落实三方省州长会晤共识清单。2022 年 8 月，黑龙江省—广东省—俄罗斯哈巴罗夫斯克边区三方省州长举行视频会晤，共同落实中俄两国元首达成的共识，进一步促进中俄地方友好合作。广东省省长王伟中、黑龙江省省长胡昌升、俄罗斯哈巴罗夫斯克边区州长捷格加廖夫参加会晤，并共同签署经贸合作意向书。会后，两省共同制定并推动落实三方省州长会晤共识清单，进一步探索开展对俄合作的机制和领域。

（三）积极开展人文交流

通过积极借助龙粤俄"两国三地"各类平台，加强经贸投资合作，开展丰富多样的人文交流活动，为三方合作注入更多活力，提质增效。一是积极参加理事会活动，分享广东改革开放发展经验，推介粤港澳大湾区发展机遇。2022年4月，中俄友好、和平与发展委员会地方合作理事会举行中俄双方全体会议（线上），张新副省长以录制视频的方式参加会议，围绕发挥区位地缘优势、科技创新助推粤港澳大湾区和远东跨越式发展区融合发展进行发言。二是积极参加民间交流，促进民心相通，加深传统友谊。2022年3月，邀请广东省青少年代表参加第32届亚太地区国家"新星"青少年艺术节绘画及声乐比赛，并取得佳绩。2022年8月，安排广东省地方金融监督管理局代表以及相关企业代表线上参加龙粤俄"两国三地"经贸、交通、金融行业交流对接会。三是通过推动省内有关地市开启与黑龙江省对口城市联合开展对俄交流，以点带面，横向纵向同步发展。2022年，根据两省外办联合制定的对俄交流合作计划，推动广州、汕头、湛江、中山、茂名、珠海等市相继联合黑龙江省对口合作市与俄开展线上交流活动，初步建立两国多地合作模式，取得了良好的示范效果。

二、2023年工作计划

（一）拓展合作内容

利用广东省友城资源与机制平台进一步拓展与黑龙江省合作的内容。在继续推动广东省与俄友城圣彼得堡市和哈巴罗夫斯克边区的友好合作、发挥广东—圣彼得堡联合工作组机制作用的基础上，探索联动黑龙江省对俄合作相关优势项目，拓展三方合作内容；支持广州、深圳、珠海、湛江、肇庆等市继续开展龙粤俄"两国三地"城市交流合作活动，进一步深化与俄罗斯友城及其他城市的交流合作。

（二）拓展交流合作

积极联合黑龙江省拓展与俄地方政府各领域的交流合作。在外交部、全国友协的指导下，利用中俄友好、和平与发展委员会地方合作理事会平台，以及继续发挥黑龙江省—广东省—俄罗斯三方省州长会晤机制作用，积极扩大三方在经贸、投资、人文等各领域的交流合作。

（三）探索互利合作项目

加强与广东省有关部门、俄罗斯驻广州总领事馆的对接沟通，探索龙粤俄"两国三地"互利合作项目。与广东省商务厅、贸促会以及俄罗斯驻广州总领事馆加强联系，完善双方企业、商协会、友好组织间的信息沟通渠道，促进彼此了解，在新形势下共同探索龙粤俄"两国三地"互利合作项目。

（撰稿人：鲁澎灏、唐福波）

第三部分 地市篇

第一章 广州市与齐齐哈尔市对口合作

广州市对口支援协作和帮扶合作工作领导小组办公室

齐齐哈尔市经济合作促进局

2022 年，广州市与齐齐哈尔市认真贯彻落实习近平新时代中国特色社会主义思想，按照国家和两省省委、省政府工作部署，积极克服新冠肺炎疫情的不利影响，进一步巩固深化两市对口合作工作，着力推动对口合作工作持续健康发展，取得了新的成绩。

一、2022 年对口合作工作基本情况

（一）强化组织领导和对接交流

1. 强化顶层设计

两市主要领导多次对对口合作工作进行研究，批准印发了《齐齐哈尔市与广州市对口合作 2022 年工作要点》，对两市对口合作工作重点工作任务和方向进行明确。同时，根据两市合作实际现状，着眼未来合作方向，共同研究拟制了新的《齐齐哈尔市与广州市对口合作框架协议》，指导两市合作不断深化拓展。

2. 推进务实对接

充分发挥两市对口合作工作领导小组办公室统筹协调作用，指导督促两市县（市）区和相关部门克服疫情不利因素，采取各种方式，机动灵活地开展对接活动 75 次。广州市委统战部、广州市协作办领导先后分别带队到齐齐哈尔市开展考察交流活动。齐齐哈尔市委副书记何晶、副市长贾兴元和周长友、一级巡视员刘艳芳等市领导 7 次带队赴广州参加对口合作工作和考察对接项目。

3. 推动招商合作

两市重视加强常态化工作对接协调，不断提升工作质效。支持齐齐哈尔市在广州市设立招商中心，先后考察走访 188 次，涉及企业、商协会 142 家，对接企业中包括世界 500 强企业、中国 500 强企业和行业龙头企业及上市企业 10 余家，了解掌握到一批投资合作意向线索。

（二）扎实推进投资合作项目建设

1. 全力推进招商项目签约

两市建立合作关系以来，共签约对口合作项目 46 个，计划投资总额 124.14 亿元，完成投资额 67.9 亿元。其中，投资超亿元项目 24 个，主要集中在装备制造、食品加工、新能源等领域。2022 年，新签约对口合作项目 7 个，总签约额 9.34 亿元。

2. 项目建设稳步推进

开工项目 39 个，开工率 84.8%，竣工项目 18 个。克山云鹰马铃薯主粮化全产业链项目部分生产线已投入使用。铁锋祥鹤新能源 150 兆瓦风力发电和 100 兆瓦光伏发电项目全容量并网发电。拜泉上熙现代农业产业园项目完成厂房主体建设。富裕塔哈通用机场项目主体装修工程完成 70%。

（三）稳步推进经贸交流与产业合作

1. 以粮食合作为牵引持续深化优质绿色农产品合作

稳步推进齐齐哈尔市粮食贸易企业与粤港澳大湾区粮食企业建立长期稳定的贸易合作关系，2022 年，齐齐哈尔市向粤港澳大湾区销售粮食 53 万吨。两市积极研究谋划推进粮食规模化种植、10 万头中高端肉牛养殖和土地占补平衡指标供应等合作项目。广东米棋农业在齐齐哈尔市泰来县开发项目，该合作项目占地 3 万平方米，库容 3 万吨，合作社种植面积达 3 万亩。在广州市举办"齐齐哈尔好粮油"推广活动，冠名北京到广州、广州到福州等高铁品牌专列 3 条，同步在广州市白云机场、广州南站、高铁站等布设 LED 大屏广告 226 处，向精品社区电梯和丰巢快递柜投放广告 760 余处，遍及广州市 11 个行政区共 294 个高端社区。开展"广州光彩大篷车"活动，通过展销会、节日促销、线上直播等形式助推齐齐哈尔市优质农产品进入广州市场，提高齐齐哈尔市农产品的知名度和市场占有率，已组织 19 户民营企业报名参加。

2. 以科技合作促进装备制造产业提档升级

装备制造领域合作成果逐步显现。齐重数控和广州数控合作的"重型数控机床系统国产化"项目，应用广数系统的数控单柱立式车床实现了应用多自由度机器人进行刀具更换、刀具检测、刀具管理等智能化功能，进入装配调试阶段。中国一重与黄埔文冲船舶有限公司合作的"船用高硬可焊特种钢研制"项目，已完成化学成分优化设计，正在筹备冶炼试验用钢锭。建龙北满与华南理工大学合作的"高品质模具钢关键技术研发及应用研究"项目，已完成小批量试制，实现供货153吨，产品实物质量达到北美压铸协会标准要求。强化科技成果供需对接，建立"需求成果征集发布平台"，围绕装备制造、新材料、数字经济等领域，常态化开展广州对口合作相关技术需求征集和科技成果发布。共享创新创业资源，齐齐哈尔青创咖啡与广州华南新材料创新园建立共建合作关系，双方在搭建资源共享平台、共促团队建设、为平台企业提供创新支持等方面持续开展合作。梳理总结两市对口科技合作基础和合作前景，将支持齐齐哈尔市与广州市在装备制造、新材料、数字经济等领域开展联合科技攻关和科技成果产业化等内容写入科技部制订的《推动南北互动支撑东北振兴科技合作行动方案（征求意见稿）》。

3. 以资源文化互补推进文旅康养合作

文旅康养合作不断深入。制发《关于发展文化旅游产业三年行动计划》《关于发展冰雪经济三年行动计划》，两市共同制定了泰湖湿地生态游、江桥红色景点游、塔子城历史文化游、碾子山冰雪体育游等6条旅游线路。由广州市发起联合举办了"广州情，一家亲"文化旅游推介会，会上对齐齐哈尔市"世界大湿地，中国鹤家乡""鹤舞雪原，冰雪乐园"夏冬两季生态旅游、"国际（烤肉）美食之都"饕餮美食，以及历史文化、精品艺术、民俗风情等多项特色旅游产品进行推介。邀请广州市康养培训教授，通过"线上+线下"方式，对老年医学、康复、护理等主要内容开展培训，2022年，培训养老人才及养老护理员3633人次。支持大中型养老机构提供候鸟接待服务项目，齐齐哈尔市养老产业创新联盟与广州市福利协会、广州市养老产业协会合作打造"候鸟式"异地养老游目的地，齐齐哈尔市观湖颐养中心等综合性养老服务机构已开辟旅居养老服务项目，每年可为来齐旅居康养人员提供2000余张养老床位。

4. 以资源市场共拓密切经贸交流合作

举办穗鹤两地经贸交流会。广州市工商联会员企业高质量发展培训班全体学员与齐齐哈尔市各县（区）政府举办了穗鹤两地经贸交流会，两地企业开展互动，探索项目合作，引导成员企业积极参与"万企兴万村""粤企进龙江"活动，共同促进地区发展。广东大参林医药集团与齐齐哈尔市铁锋区医药企业达成项目合作，总投资额1亿元。广州市粤泰供应链有限公司等全国知名冷链物流企业赴齐考察，在智慧农业、智慧工厂、冷链物流等方面进一步达成合作共识。

（四）积极推进人才交流合作和互联互通

1. 推动平台合作，促进人才交流培养

人才交流合作领域不断扩大。齐齐哈尔市选派 20 余名优秀干部、医疗骨干赴广州市行政部门、广佛产业园、南方医科大学、南方医院等地学习锻炼，1 名博士成功获批进入南方医科大学中西医结合学科博士后工作站开展研究工作。借助与南方医科大学合作平台，在南方医科大学远程指导和资源共享的协助下，齐齐哈尔市第一医院成功获批 5 个省自然基金项目。广州市教育局继续支持齐齐哈尔市结对学校培训经费 30 万元，积极开展"互联网背景下的跨区域教研"活动，齐齐哈尔市八所中小学校和广州市中小学结对开展了 10 余项互动交流活动，包括资源交流共享、在线教研、线上培训、开展特色活动等，互学互鉴先进教育理念和教学经验，共同提升教育水平。联合开展企业家培训，两地工商联在哈尔滨工业大学联合举办了"广州市工商联会员企业高质量发展培训班"，来自广州和齐齐哈尔两地的"先进制造业及其相关产业"的民营企业家共 50 余人参加了培训。

2. 推动数字政府建设互鉴，促进政务服务质量提升

齐齐哈尔市充分借鉴广州市政务服务相关经验做法，通过推进政务服务"一网通办"、设立 17 个企业需求服务中心、开通齐齐哈尔市场主体成长服务平台等举措，进一步拓展政府服务的深度和广度，实现主动服务市场主体工作常态化。两市签订了《政务服务"跨省通办"合作协议》，通过黑龙江政务服务网"跨省通办"主题服务模块实现线上办理，广州市可办理齐齐哈尔市政务服务事项 84 项，齐齐哈尔市可办理广州市政务服务事项 2639 项，为两地群众提供更加优质、高效、便捷的政务服务。

3. 推进互联互通，促进开放合作

两市会同南航公司，续签了《合作协议》，保证了广州—齐齐哈尔航线稳定运营，助推两市经济、产业、文化旅游交流融合。广州市工商联带领民营企业考察团到齐齐哈尔市考察，并举行穗鹤两地工商联对口合作交流座谈会，两市工商联签订了《战略合作协议》，就共同推进两市经贸合作取得更多成果达成共识。驻广州招商中心与广州市工商联进行对接，研究选定广州民营企业商会、广州物流与供应链协会等 8 家商协会作为驻点招商重点对接对象。

二、2023 年对口合作工作计划

以学习贯彻党的二十大精神为主线，以助推东北地区加快振兴发展为己任，2023 年两市将深层次、多渠道、宽领域推进对口合作迈上新的台阶。

（一）推进常态化交流合作

支持齐齐哈尔市继续选派优秀机关干部和行业骨干到广州市行政机关、企业进行学习交流锻炼。充分发挥政府和市场主体作用，加强工商联、商会的对接合作，推进两市开展全方位、多层次的经贸交流活动。

（二）谋划高质量项目合作

围绕产业链、供应链建设，紧密结合两市产业资源优势，取长补短、扬长避短，重点谋划装备制造、食品加工、肉食一体化、中央绿色厨房、现代物流等项目。按照产业招商规划，筛选目标企业，推进实施对接合作。支持帮助齐齐哈尔市面向粤港澳大湾区重点企业开展精准招商，促进产业梯度合理有序转移。

（三）巩固扩大重点领域合作成果

配合齐齐哈尔市加大现有合作项目建设推进力度，实施重点项目领导包保机制。巩固粮食产销合作关系，提升装备制造领域合作的广度深度，拓宽科研合作项目的渠道并做好跟踪服务，挖掘文旅康养合作的特色新亮点，探索金融领域合作的有效方式和载体，加强体制机制改革经验互学互鉴，力争在各个重点领域取得更多合作成果。

（撰稿人：叶少威、于恩正）

第二章　深圳市与哈尔滨市对口合作

深圳市乡村振兴和协作交流局　哈尔滨市发展和改革委员会

2022 年，按照党中央、国务院关于东北地区和东部部分省市对口合作的部署要求，在国家发展改革委和黑龙江、广东两省省委及省政府的正确领导下，深哈两市对口合作取得了积极成效，两市合作也由起步阶段进入深化阶段。

一、2022 年对口合作工作情况

（一）高效谋划年度重点工作

在持续巩固深哈合作阶段性成果的基础上，两市按照国家发展改革委安排和深哈对口合作第六次联席会议议定事项，制订实施《哈尔滨市与深圳市对口合作 2022 年工作计划》，明确了在加大统筹协调力度、加强干部人才交流、推进体制机制创新、夯实重点领域合作、做优做强深圳（哈尔滨）园区、搭建合作平台载体 6 大方面合计 20 项合作重点任务。

（二）高位推动合作走深走实

2022 年 8 月 10~11 日，深圳市委副书记、市长覃伟中带队赴哈尔滨市交流调研，务实推进合作事宜，黑龙江省委书记许勤会见深圳交流团一行并参加考察。交流团在先后走访哈尔滨规划展览馆、深圳（哈尔滨）产业园、库柏特科技、哈尔滨安天科技集团、哈尔滨电机厂等基础上主动对接企业发展需求，深度挖掘潜在合作意向。2022 年 8 月 11 日，两市召开深哈对口合作第七次联席会议，深圳市委副书记、市长覃伟中，哈尔滨市委书记张安顺、市长张起翔等出席会议。会议深度总结五年来深哈对口合作开展情况，并就下一阶段深化合作作出部署安排。

（三）持续开展对接交流活动

深圳市乡村振兴和协作交流局等单位赴哈尔滨市开展调研交流活动，跟进两市重点合作项目建设发展情况，协商解决合作中遇到的困难，特别是深哈产业园优惠政策问题。深圳市市场监管局组织中国农科院深圳基因组所、市检测院、市标准院、市米袋子菜篮子联合会等单位赴哈尔滨市洽谈在哈尔滨市布局建设黑龙江省现代农业国家实验室、圳品评价中心和检测平台等事宜。深圳市贸促委与哈尔滨市贸促会重新签订合作框架协议，在会展招商招展、项目洽谈和企业对接方面互相支持协助，并联合举办 2 场"企业国际化合规经营系列"线上讲座。深圳市规划和自然资源局与哈尔滨市科技局积极对接海洋领域的合作交流，支持哈尔滨海洋科技力量参与深圳全球海洋中心城市建设。哈尔滨市委宣传部来深商谈对接联合举办首届东北亚文化艺术创意设计博览会有关事宜。哈尔滨市国资委赴深圳市特区建设发展集团考察调研，就深哈产业园建设运营情况、两市国企合作意向等展开交流。

（四）精准开展干部人才交流培训

2022 年 8 月，哈尔滨市 4 名局级干部到深圳市开展为期半年的跟岗学习工作。2022 年 6 月，哈尔滨市直机关、市属国企共计 50 人到深圳开展"哈尔滨市国有企业改革创新"专题培训，就"深圳国资国企改革创新探索与实践""国企混改背景下企业中长期激励政策与工具案例"等专题进行深入学习和探讨，并组织到天安云谷、深圳交通中心等地开展现场调研活动，深入交流企业改革创新发展先进举措和经验。正在抓紧推进组织两批次共 100 名哈尔滨干部赴深开展集中培训的前期准备工作。

（五）推动两市国有企业合作

支持深圳市属国有企业到哈尔滨市投资发展，参与当地重点领域建设。深圳市投控公司、能源集团、巴士集团、特区建发集团、深创投集团、深高速 6 家市属国有企业在哈尔滨市有投资项目或投资意向，涉及投资项目 9 个，总投资额约 171.23 亿元，涵盖公用事业、金融、基础设施、产业园区、固废处理、新能源等领域。

（六）扎实推动产业合作项目落地转化

截至 2022 年 10 月底，两市累计实施合作项目 143 个，计划总投资 2104.3 亿元，已完成投资 362.2 亿元，其中，已竣工投产项目 57 个，完成投资 173.5 亿元，包括中广核（深圳）投资巴彦的风电项目、宝安集团投资建设的万鑫石墨谷项目等；在建项目 46 个，计划总投资 1388.8 亿元，已完成投资 188.7 亿元，包括海邻科物联网产业基地、哈尔滨新区万科中俄产业园等项目。

（七）优化提升深圳（哈尔滨）产业园区平台载体功能

围绕深圳"20+8"产业发展方向，深圳国家高技术产业创新中心赴深哈产业园考察调研，初步编制《深圳（哈尔滨）产业园区现代产业发展规划（2022—2030 年）》，为促进园区与深圳"20+8"产业协同发展提供行动纲领。深哈园区市政道路等基础设施基本完成，园区人才公园、学校等配套设施陆续启动建设。深哈产业园核心启动区完成总投资约 43.38 亿元，华为"一总部双中心"、深圳善行医疗、哈工大人工智能研究院、哈电集团能创科技、国家工业互联网中心等 45 家企业正式落户园区，初步形成了以人工智能、机器人、信息软件、智慧农业为核心的数字经济产业集聚发展趋势。

（八）持续深化重点领域交流合作

科技创新领域，以深圳市建设国家综合科学中心为契机，引导两市高校院所、科技企业加强基础研究、应用研究和重大核心技术攻关合作，邀请组织哈尔滨技术专家 56 人加入深圳市科创委评审专家库，累计对 689 个科技项目进行线上评审。发挥南方创投网和中国深圳创新创业大赛等创新创业平台作用，促进两市高水平科研项目对接社会风投资本，助力哈尔滨高新技术产业发展，截至 2022 年 9 月底，哈尔滨市企业在深圳登记技术合同数据 18 份，技术合同成交额 1868 万元。数字经济领域，2022 年 7 月，黑龙江（深圳）数字经济投资对接会在深圳市召开，两市有关单位、企业积极对接数字经济产业合作机会。深圳市水务局向哈尔滨市水务局推广智慧水务关于水务资产数字化和业务场景数字化等方面的一体化建设思路，助力哈尔滨市加快构建高质量水务数据治理体系。支持腾讯安心平台（东北区）暨腾讯云互联网营销直播产业学院落户哈尔滨新区，助力哈尔滨农业数字化升级，推动农企农民探索数字化发展。金融合作领域，在已设立"红土基金体系"的基础上，深创投集团拟与黑龙江省金融控股集团有限公司、哈创投集团合作发起设立规模为 10 亿元的新基金。深交所积极挖掘、培育哈尔滨市优质上市资源，推动森鹰窗业在深交所挂牌上市，敷尔佳通过创业板上市委审核，并联合资本市场学院开展黑龙江省民营企业上市专题培训班。2022"深圳创投日"设立哈尔滨云路演专场。农业和食品领域，两市加快推进深圳国际食品谷哈尔滨产业园建设，在农业科研、成果转化、育种研究、人才培养、农技培训等方面深入合作。支持和引导更多的哈尔滨绿色农产品纳入"圳品"

认证体系进入深圳市场，截至 2022 年 10 月底，已有 9 家企业 15 个产品获评"圳品"，既为哈尔滨农产品打开了销路，也丰富了深圳市民的餐桌。文化旅游领域，哈尔滨市积极组团参展第十八届深圳"文博会"，突出创意设计和冰雪文化，集中举办展览展示、宣传推介、招商引资、洽谈签约、调研学习等系列招商推介活动，全方位、多视角展现哈尔滨市文化和旅游产业、创意设计产业的资源禀赋、文化特质、发展态势和发展潜能。创意文化领域，哈尔滨市委宣传部与深圳市工业设计行业协会共同主办哈尔滨市创意设计产业招商推介会暨深哈两地设计与产业对接会，并签订创意设计产业战略合作协议，推动"深圳设计"赋能哈尔滨等项目加速落地。哈尔滨市政府与深圳奥雅设计股份有限公司签署战略合作协议，就城市更新、文化文旅项目等方面建立战略合作关系。深圳洛可可集团拟在哈尔滨落地洛客黑龙江区域总部项目。

二、2023 年对口合作工作安排

按照国家发展改革委要求和深哈对口合作第七次联席会议精神，在国家发展改革委地区振兴司的具体指导下，2023 年主要安排推进以下工作：

（一）强化统筹协调和服务保障

加强两市领导、各有关部门的对接交流，加快推动两市重大合作项目和第七次联席会议议定事项落地。持续做好项目跟踪调度、服务保障工作，定期组织两市有关部门会商研究解决项目推进存在的问题。

（二）持续深化重点领域合作交流

充分发挥两市比较优势，聚焦深圳"20+8"产业集群与哈尔滨"4+4"产业体系发展需求，谋划推动一批先进装备制造、生物医药、农业科技、文化旅游等产业合作项目落地转化。在已有良好合作基础上，进一步加强交流沟通，推进优势互补，持续深化科技、教育、海洋、金融、体育等领域的合作。

（三）加强市场主体对接合作

借助深圳"高交会""文博会"和哈尔滨亚布力论坛、太阳岛年会等展会交流平台，引导两市商协会、企业加强对接合作。加快推动深圳产品展销专区建设，集中展示深圳数字创意、智能终端、全屋智能家居、新能源汽车等工业新产品以及新潮时尚消费品等，为两市加强产业供需对接、挖掘合作增量创造更多机会。

（四）推动深哈产业园高质量建设发展

借助两市相关规划专业机构力量，对园区城市规划和产业规划进行再调整、再优化，同时支持更多深圳改革试点经验和产业发展政策在园区先行先试，推动园区平台载体功能持续优化、市场化运作机制更为完善、企业要素成本显著降低，吸引更多深圳乃至全国新一代信息技术、数字经济、生物医药、创意设计等企业落户园区，力争将深哈产业园打造成为深圳"20+8"产业的合作"飞地"。

（五）进一步提升对外开放合作水平

依托哈尔滨市作为沿边开发开放中心城市、东北亚区域中心城市、对俄合作中心城市的区位优势，进一步探索两市对外开放合作机制和领域，推动两市仓储物流、跨境电商、贸易服务等领域渠道资源深度整合，共同搭建对俄贸易平台，合力打造跨境产业链和产业集群，持续拓展两市相关原材料、工业产品对接俄罗斯、东北亚等国际市场的通道，不断扩大对外出口贸易规模和水平。

（撰稿人：杨泽嘉、王蓓）

第三章　珠海市与黑河市对口合作

珠海市发展和改革局　黑河市发展和改革委员会

2022 年，珠海市与黑河市按照广东省和黑龙江省对口合作工作的统一部署，在两省省委、省政府的正确指导下，在两省发展改革委的大力支持下，两市通过完善工作机制、密切双方交流等举措，对口合作各项工作任务取得了一定成效。

一、2022 年两市对口合作工作情况

按照《黑龙江省与广东省对口合作 2022 年工作要点》，两市主动对接、积极沟通，坚持"政府搭台、社会参与"原则，进一步挖掘两市对口合作潜力，扎实推动对口合作各项工作高效开展。

（一）干部跟岗锻炼情况

按照黑龙江省委选派干部赴广东省跟岗锻炼工作部署，2022 年 7 月，黑河市人民政府副市长景泉赴珠海市跟岗锻炼，为期半年。两市就选派干部赴珠海市跟岗锻炼达成合作共识，促进挂职干部学习广东省先进发展理念，培养干部为推动两市深度交往融合作出贡献。

（二）签约项目建设情况

2022 年重点推进跟踪签约项目 3 个，分别是珠海粤琪公司与黑河市绿农集团合作大豆贸易及深加工综合项目，截至 2022 年 10 月底，已购买黑河市大豆 3.7 万吨，金额 2.3 亿元，目前项目正有序推进；黑河嫩江市（县级）与深圳诺普信农化股份有限公司合作

现代农业综合服务一体化提升项目，截至2022年10月底，该项目已完成建设示范基地3万亩，完成托管土地10万亩，正在开展农田植保社会化服务20万亩，累计投资11000万元；黑河市与华为智能汽车解决方案试验基地项目，截至2022年10月底，黑河方面已完成项目107公顷用地的土地征收工作，正进入供地流程。

（三）农业合作情况

一是珠海粮食集团与黑河市绿农集团合作，建成极境寒养黑龙江黑河绿色物产体验中心并投入运营，体验中心营业面积约400平方米，有"极境寒养"品牌旗下的火山矿泉系列产品、山珍系列产品、大豆系列产品、米面粮油系列产品，俄罗斯进口食品等1000多个品类。采取"体验式购物"，设置互动式"体验区"，立体式向珠海市消费者展现多层次、高品质的黑河绿色物产和道地优质的俄罗斯产品。同时黑河绿农集团与珠海农控集团、供销集团合作，在星园市场、横琴口岸、斗门区供销社设立了"极境寒养"产品专区。通过线上线下同步营销、团购定制式服务并行、会员制增加客户黏性等多种方式，扩大了营销渠道和市场占有率，2022年营收额近200万元。二是黑河绿农集团通过搭建的信息平台，向珠海市大豆加工企业供应大豆过亿元；为珠海提供应急储备速冻蔬菜100余吨；通过电商平台实现了对澳门销售极境寒养品牌产品的突破；首次进行了两市航空物流的成功运输。同时在黑河市也实现了珠海特色产品的成功营销，珠海海产品和澳门手信产品在黑河极境寒养绿色物产体验中心的"珠海专区"长期展示销售，并不断扩大种类，得到了黑河市民的广泛好评。三是嫩江市（县级）积极与珠海市有关部门对接，推进珠海市储备粮南粮北储工作。珠海市对嫩江市粮食仓储情况进行了实地考察，适时开展此项工作。

（四）中药材合作情况

两市发改部门积极推动珠海大横琴集团与黑河自贸片区深入合作，以俄罗斯进口中药材为核心，打造一个集交易、展示、信息发布于一体的中药材现货交易平台，搭建交易中心线上平台，打造"互联网+中药材"在线交易模式。建设一套可展示、可交易、可溯源的综合线上交易平台，为中药材产业链供需主体提供主动对接服务。黑河珠海中药展示馆项目正在建设中，项目总投资650万元，总建设面积1000平方米。

二、2023 年对口合作工作安排

一是借助两市对口合作的有利契机，深度挖掘珠三角地区强大的市场资源，将黑河市绿色有机食品、优质品牌宣传推介出去。二是依托龙粤合作平台，两市各部门形成合力，加大招商力度，拓展项目谋划的深度，筛选一批成熟项目，借助两省、两市召开对口合作会议、论坛等机会，大力宣传，广泛推介，邀请广东省到黑河市考察投资。三是持续跟踪推进对口合作签约项目，在已签约的项目上加大力度，帮助企业解决项目落地过程中遇到的困难和问题，争取项目早日投产达效。

（撰稿人：柏宇、谷永超）

第四章　汕头市与鹤岗市对口合作

汕头市发展和改革局　鹤岗市发展和改革委员会

2022 年是实现广东省、黑龙江省两省对口合作深化阶段的关键之年，汕鹤两市市委、市政府紧紧围绕优势互补、合作共赢的工作思路，深化各级各部门多层次协作，积极推进两市对口合作工作。

一、2022 年两市对口合作进展情况

（一）加强领导，建立强有力的对口合作工作推进体系

汕头市委、市政府高度重视与鹤岗市的对口合作工作，始终把开展对口合作工作作为贯彻落实党的二十大精神的具体体现，作为促进两市经济社会持续发展的一件大事来抓。2022 年，汕头市认真落实省对口合作工作领导小组有关精神，针对人员变动情况，及时调整对口合作领导小组成员；根据两省对口合作工作座谈会的有关精神和《黑龙江省与广东省对口合作 2022 年工作要点》文件要求，结合汕头市、鹤岗市两市实际，制定下发了《汕头市与鹤岗市对口合作 2022 年工作要点》文件，进一步推进汕头和鹤岗两市的深度务实合作，让对口合作的成果惠及两市人民。另外，两市对口合作领导小组积极配合做好两市对口合作框架协议、"十四五"对口合作实施方案的起草工作。

（二）深入开展调研视察活动，促进两市沟通学习

2022 年 6 月 13 日，黑龙江省鹤岗市委书记、市人大常委会主任李洪国率鹤岗市党政代表团赴汕头市开展对口合作考察交流活动。两市就深入贯彻落实党中央、国务院决策部

署，推动广东省与黑龙江省对口合作部署落地见效进行座谈，代表团参观考察了潮汕历史文化博览中心、汕头城市发展与产业展示厅、华侨试验区数字科技产业基地、粤东江南国际农产品交易中心、太安堂、仙乐健康科技股份有限公司等以及重走习近平总书记在汕头市视察调研路线，详细了解了汕头市"三新两特一大"的产业发展情况，汕头市良好的经济发展态势以及新的城市面貌给代表团留下了深刻印象，两市就下一步如何发挥各自的资源禀赋、加强合作达成了共识，为拓展合作新空间奠定了良好基础。

2022年7月7~8日，汕头市委常委、市委统战部部长蔡永明带领汕头市代表团赴鹤岗市开展项目考察。在鹤岗市考察期间，汕头市代表团参加了招商引资推介会，并先后深入宝泉岭稻田画、黑龙江省宝泉岭农垦山林粮食加工有限责任公司、宝泉岭现代农业产业园、北大荒宝泉岭农牧发展有限公司、中国五矿集团（黑龙江）石墨产业有限公司、鹤岗市博物馆等地进行考察，详细了解生态农业、绿色矿业、文化旅游等产业，深入交流探讨对口合作事宜，双方均表达了进一步加强合作的愿景。

2022年7月14~18日，应鹤岗市工农区人民政府邀请，汕头市金平区委常委、区党政办主任黄建鸿带领汕头市金平区经贸交流团一行赴黑龙江省哈尔滨市、鹤岗市工农区开展经贸对接交流活动。活动期间，金平区经贸交流团走访有意向来汕头市投资的哈尔滨瀚科环保科技有限公司，组织汕头杏花吴记牛肉餐饮管理有限公司、汕头市老潮兴食品有限公司等6家企业参加"'欢乐YEAR工农'消费节暨第二届金鹤啤酒美食文化节"开幕式并参展。通过参观调研、座谈交流，了解两地社会经济等领域发展情况，推介投资环境，大大增加了双方合作的可能性。

（三）搭建合作交流平台，全力推进两市各领域合作

1. 粮食合作方面

一是按照"政府搭台、社会参与，优势互补、合作共赢，市场运作、法制保障"的原则，积极组织动员粮食企业参加国家、省组织的各种洽谈会，深化合作层次，扩大粮食购销渠道。2022年6月13日，汕头市粮食和物资储备局积极协助鹤岗市发展改革委（市粮食局）、鹤岗融合传媒集团有限公司举办"'鹤岗好粮油'走进汕头品牌营销活动产品宣传推介会"，并积极组织汕头市各粮油企业到现场参加活动。推介会在汕头市龙湖区泰安合胜广场举办，来自鹤岗市的优质好粮油10家企业40余类产品及各种特色林产品通过产品宣传推介活动，走向市民餐桌，重点展示推介鹤岗好粮油及特色农产品。二是推进两市粮食购销企业密切合作。汕头市粮丰集团有限公司与黑龙江迦泰丰粮油食品有限公司在粮食购销方面实现产销联盟，双方一直保持良好合作关系，2022年向黑龙江迦泰丰粮油食品有限公司对口购进大米120吨。

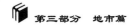

2. 商贸合作方面

在两市商务局及有关部门的支持下，商贸合作结构不断优化，合作规模逐步扩大，成立了"汕鹤农特产品展销中心"，与30余家分销商、20多家企业建立合作关系，立体销售网络初步形成。汕头市澄海区持续深化与鹤岗市萝北县的特色农产品互销合作模式，探索利用新建农村电商驿站引进并推广萝北县农产品的线上销售模式，真正实现"南货北调、北货南销"。心瓷科技萝北特色馆项目扎实推进，"萝北馆"产品B2B交易中心已建成投入使用，萝北县农特产品正式上线心瓷商城，线下采取订单销售，为两市特色产品销售拓展渠道，全力打造成为对口合作里程标志。

3. 文化宣传方面

汕头市高度重视做好汕头市与鹤岗市对口合作宣传报道工作，组织指导汕头融媒集团全方位、多角度进行宣传报道，新媒体、电视新闻、汕头日报共发布有关稿件15篇（条），推出《四城联动　共奏新时代青春主旋律》《"鹤岗好粮油"走进友好合作城市汕头专项营销产品推介活动举行》。特别是2022年5月底，"喜迎二十大　永远跟党走　奋进新征程"《百年辉煌　青春回响》汕头市青少年海滨音乐会在汕头市举办，汕头主会场连线了鹤岗市共青团，用云端直播的方式，展示两市不同的城市文化魅力，增进两市青少年交流。

（四）注重"软合作"，推动干部挂职交流学习

两市市委、市政府高度重视干部队伍建设及培养。2022年，鹤岗市派4名干部到汕头市跟岗锻炼和学习。根据跟岗锻炼需求，经报省委组织部同意，4名跟岗干部分别被安排到市政府和金平、龙湖、澄海区政府跟岗。跟岗干部到位后，汕头市委、市政府主要领导专门与跟岗干部集体座谈，市委组织部安排其参观考察汕头开埠历史陈列馆、小公园街区、潮汕历史文化博览中心，让跟岗干部更好地了解汕头市情况，尽快进入角色。鹤岗市4名跟岗干部已顺利开展工作。

二、2023年两市对口合作工作思路

努力发挥两省合作在我国全面建设社会主义现代化国家新征程中的重要作用，按照两省省委、省政府指示要求凝心聚力做好2023年对口合作各项工作。

（一）进一步加强工作统筹协调

两市主要领导进一步加强交流会商，研究对口合作重点工作，推进重点合作事项。两市有关单位、各结对区县进一步加强对口合作经验交流，按照实施方案各项要求，持续深化结对区县、各有关单位对口合作。

（二）进一步谋划对接产业项目

依托两市现有产业基础，重点围绕汕头市提出的"三新两特一大"产业与鹤岗市提出"六个"产业主攻方向精准发力，强化合作，加快两市传统产业升级和产品延伸，培育壮大战略性新兴产业集群。在引资引智、承接产业转移、合作模式创新等领域实现突破，更好地实现资源共享、优势互补、联动发展。

（三）进一步做好交流互访工作

持续组织开展两市对接交流活动，共享新理念、新思想、新经验、新信息、新资源。进一步健全互访机制，加强两市间的互动交流，推动两市关系不断前进，让两市合作走得更远，共同开创新时代对口合作新局面。

（四）进一步加强科研合作

继续做好两市科技部门的交流工作，重点支持汕头市企业、汕头大学、广东以色列理工学院、化学与精细化工广东省实验室同鹤岗市企业开展产学研合作，支持科技创业孵化载体引进对方初创期企业进行孵化。加强两市在职业教育方面的交流，探讨两市职业教育院校建立结对合作关系等。

（撰稿人：巢云龙、张微微）

第五章 佛山市与双鸭山市对口合作

佛山市发展和改革局 双鸭山市发展和改革委员会

2022 年，佛山市和双鸭山市坚持深入学习贯彻党的二十大精神和习近平总书记关于东北振兴的重要指示精神，认真贯彻落实党中央、国务院及广东和黑龙江两省党委政府关于对口合作各项决策部署，始终围绕"把两市对口合作打造成为东北地区与东部地区部分省市对口合作的典范和标杆"工作目标，持续在产业发展、农粮产销、创新改革、人才交流、民生保障、教育教学等领域开展多形式、广领域、深层次合作交流，不断拓展合作深度和广度，全力推动对口合作再取新成效。

一、2022 年对口合作工作开展情况

（一）互访对接交流持续开展

2022 年，两市不断创新工作方法，努力克服新冠肺炎疫情影响，推动市、县（区）两级党委政府部门保持紧密对接和互访交流。8 月 5~6 日，佛山市人大常委会党组副书记、副主任刘珊率广东省人大代表等一行 15 人赴黑龙江省双鸭山市开展考察学习，实地调研了解双鸭山市生态文明建设、粮食安全保障、绿色发展、农业农村现代化建设等方面的成效和经验做法，双鸭山市委副书记、市长宫镇江接见考察组一行，双方进行座谈交流，共同研究对口合作。2022 年 8 月，双鸭山市友谊县县委代表团赴佛山市三水区开展对接交流活动，其间走访水都招商中心、百威（佛山）啤酒有限公司、白坭镇粮食博物馆、粤港澳大湾区现代都市农业示范基地等，深入考察企业项目以及特色园区、乡村振兴示范带创建情况，共同交流探讨对口合作工作。2022 年 11 月 21 日，双鸭山市、佛山市、

俄罗斯马加丹市通过线上视频形式共同举办"双鸭山—佛山—马加丹城市交流合作与发展对话会"，"两国三城"外事、发改及商务部门负责人出席活动并进行线上交流，共同探索三方合作新途径，有效推动中俄地方间友好合作。

（二）加强政策规划引领推广

两市积极落实国家、省关于对口合作的决策部署及工作安排，按照《转发国家发展改革委员会办公厅关于东北地区与东部地区部分省市对口合作阶段性工作评估情况的通知》（粤对口合作办函〔2021〕13号）要求，共同研究制定印发《鸭山市与佛山市对口合作"十四五"实施方案》，为"十四五"时期两市有效开展推进对口合作工作提供重要参考和科学指引；两市年初共同研究制定《2022年佛山市与双鸭山市对口合作重点工作计划》，明确各县（区）、市有关单位及群体机构等任务分工，进一步推动对口合作各项工作任务落细落实。此外，两市积极在与各县（区）、相关部门对接交流以及走访企业时，大力宣传两市分别出台的面向双鸭山市实行产业转移等政府扶持政策以及双鸭山市优质项目信息，不断挖掘合作机会。

（三）改革经验交流不断深化

2022年，继续借鉴佛山市在政务服务、改革创新方面先进经验，两市相关部门保持紧密交流，进一步提升双鸭山市政务服务能力。一是推动双鸭山市除场地限制或涉及国家秘密以外的政务服务事项纳入综合性政务服务中心，全年市级政务服务中心进驻事项1475项，进驻率92.6%，各县（区）政务服务中心事项进驻率均达到黑龙江省定90%以上目标，基本实现了政务服务"应进必进"。二是助力双鸭山市深化综合实体性政务服务大厅综合窗口服务改革，在黑龙江省率先设立"企业开办服务专厅"，实现企业开办一站式服务，全年进驻政务服务事项8332项，进驻"综合窗"8183项，占比98.2%，办理政务事项80余万件。三是帮助双鸭山市完善大厅特色服务窗口设置，设立了"综合咨询""跨省通办""省内通办""政策兑现""帮办代办"窗口以及"办不成事"反映窗口6类特色窗口，推动实现专人负责窗口业务、动态更新受理台账等功能作用。

（四）民生领域合作持续推进

2022年，两市克服新冠肺炎疫情不利影响，抢抓有效施工期，继续扎实推进民生及基础设施项目合作建设。截至2022年底，四方台区南环路建设项目、四方台区连接路建设项目、四方台区背街巷路改造建设工程项目、四方台区紫云岭科普园项目、四方台区污水处理厂提标改造工程项目、饶河县季华健康公园项目、四方台区紫云岭公益性公园一期及二期项目 8 个项目已完工；双鸭山市城市科技馆正在进行内部布展，双山全民健身中心已完成主体结构搭建，正在加快推进建设。通过加强双鸭山市民生及基础设施建设，使双鸭山市群众生产生活条件得到改善的同时，有效提升了双鸭山市城乡建设以及营商投资环境水平，增加了社会资本投资开拓双鸭山市场的信心，促进双鸭山市经济社会发展，实现优势互补、合作共赢。

（五）产业合作成效不断拓展

两市始终把谋划签约产业合作项目作为对口合作工作的重中之重，坚持将佛山市资金、技术、市场与双鸭山市能源、煤矿、农地等双方优势有机结合，积极推动谋划更多产业类合作项目。2022 年，两市新增推动双鸭山市鸿景农产品供应链项目、南海区粮农产销合作项目、澳洲坚果种植项目、双鸭山市与佛山市合作共建科技创新服务平台（二期）4 个项目达成合作意愿。截至 2022 年底，两市达成产业类合作项目 11 个，总投资 19.28 亿元。其中，总投资 1.58 亿元的北大荒米高农业年产 8 万吨高效钾肥项目（米高一期）已投产，已生产硫酸钾椭圆颗粒 12.16 万吨、盐酸 14.88 万吨；总投资额 1.1 亿元的北大荒米高农业年产 4 万高效钾肥项目（米高二期）已完工；双佛合作饶河县农业产链投建项目、顺客隆中顺农业产销对接合作项目已完成投产运营，多批次采购双鸭山市农产品；中国科技开发院佛山分院科技创新孵化器项目投入运营；宝清县省级高新园区建设策划项目正在开展预可研阶段工作；俄罗斯进口林业资源及黑龙江林业资源联合采购项目及非转基因大豆初加工产销合作项目已签订合作协议，正加快推进；新友谊站集装箱物流公共场站项目、广东星联科技"全回收"地膜加工项目根据地方需求正在进行方案调整。按照开工建设一批、洽谈磨合一批、谋划储备一批的"三个一批"的工作思路，以双鸭山市四县四区及经开区为主要承载主体，全面更新了"双佛合作"线索项目库、储备项目库、企业（企业家）库，为后续产业项目推介工作打下了坚实基础。

（六）农业产销合作务实开展

充分发挥双鸭山市"寒地黑土"种植优势，持续推动两市农业企业、农村合作社等通过订单合作、线上平台等方式开展产销对接，不断打通两市农产品产销合作链条，更好、更快、更高效地将双鸭山市绿色有机农副产品推广到佛山市乃至粤港澳大湾区市场。2022 年，双鸭山市农产品企业将农产品销往佛山市等珠三角地区，品类涵盖大米、黑木耳、玉米、蜂蜜、杂粮等，销售量 3.2 万吨，销售额 1.36 亿元。其中，宝清县和平谷物种植农民专业合作社与南海区粮油贸易总公司桂城粮油超市合作项目，每年签约大米、杂粮合作订单 7 万吨，金额在 70 万元。截至 2022 年底，佛山市共有 10 多家农业领域企业与双鸭山市建立长期产销对接关系，累计采购双鸭山市农产品 42 万吨，金额超 33 亿元。佛山市有效发挥对口援建地区农产品一条街载体作用，集中推介展销双鸭山市等地区特色农产品。充分发挥政府采购政策支持作用，在重大节假日鼓励发动佛山市各级行政机关、企事业单位、群体个人等参与"消费帮扶"。2022 年，佛山市全市通过不发达地区农副产品网络销售平台（"832 平台"）采购双鸭山农副产品订单 160 余笔，交易金额约 40 万元。

（七）干部人才交流不断加强

2022 年 9 月，根据黑龙江、广东两省统筹安排，双鸭山市选派孙宇等 4 名同志分别到佛山市人民政府、南海区人民政府、禅城区委、三水区人民政府开展为期 6 个月的跟岗锻炼，进一步有效推动两市干部交流学习，促进观念互通、作风互鉴。2022 年初，两市人社部门续签《佛山—双鸭山劳务合作协议书》，为未来一个阶段双方开展劳务协作合作奠定坚实基础。佛山市人力资源和社会保障局按照两市《对口合作重点工作计划》，依托"佛山人才网"每季度将岗位信息推送给双鸭山市，2022 年，共收集佛山市 59 家企业 5394 个岗位信息发送至双鸭山市人社部门，同时以网络招聘的方式开展劳务对接，持续为双鸭山市双矿组织化转岗职工等重点群体到佛山市转移就业提供便捷渠道。

（八）文化旅游合作持续开展

文化交流方面，2022 年 9～10 月，佛山市组织举办"展翅——佛山市初创文创企业扶持行动"活动并积极发动双鸭山市企业参加，活动展示推广短视频、电商直播、影视、文化 IP 等初创类文化企业的发展经营模式，有效促进文化创意企业与传统制造业结合，为传统工作制造赋能，扎实深化推进两市文创产业合作交流，助力产业升级。2022 年 10 月，佛山市主办"奋进新征程　建功新时代——佛山市庆祝党的二十大美术作品展"并邀请双鸭山市组队参加，为两市美术工作者提供了展示和交流平台，两市参展单位对活动组织、作品遴选展览等方面进行探讨，共同提升了文艺创作水平。旅游合作方面，2022 年 7 月 26～29 日，由广州、佛山、肇庆三市联合承办的"活力广东　多彩广佛肇"——2022 广佛肇旅游联盟文化旅游推介会分别在江苏省南京市、浙江省宁波市举办，佛山市邀请双鸭山市相关部门组团参加活动，向与会嘉宾充分展示双鸭山市冰天雪地、湿地森林等自然旅游资源，大力宣传推介双鸭山市旅游资源及项目，鼓励更多旅客到双鸭山市旅游，共促多方城市间旅游企业的合作交流，推动旅游发展。

（九）教学教育合作深入开展

两市持续以多形式推动教育交流合作，2022 年，两市共组织 8 组结对中小学签订新一轮结对合作协议,通过线上线下等方式在行政管理、教学教研、师生互动方面进行交流。其中,佛山市南海区南海实验中学小学部与双鸭山市四方台区育红小学于2021年起进行了"结对子"。2022年6月,两校通过视频直播形式开展以"队员手拉手,共同庆六一"为主题的学生线上联谊活动,进一步加深两校师生友谊;同年9月,两校教导处继续联动开展线上交流,组织4个学科10位老师在上个学期共研一节课的基础上,再进行"共读一本书"活动,共同研读了各自学科并颁布新课标,线上互动交流和研讨新课标重点。2022年11月,佛山市与双鸭山市等对口合作城市以及教育协作地区共同举办"跨区域可视化教学课堂展示活动",活动由佛山市教育局主办,在佛山市华英学校设主会场,各地设分会场,本次活动共计超过20000名教育系统干部、校长及骨干教师以直播形式参加,其中,双鸭山市约500名教师参加。活动整体有效提升了佛山市与双鸭山市教师的信息化教学水平,促进两市信息技术与教学的深度融合,发挥互联网优势,实现教学智慧共享,以云端合作助力打造"五好"教育新形态。

(十) 科研创新合作不断深入

2022年,佛山市在支持双鸭山市创建国家级众创空间及黑龙江省科技企业孵化器——"中国科技开发院双鸭山孵化中心"基础上,继续支持双鸭山市完善科技创新服务平台建设,进一步提升服务企业的水平。一是协助该平台与专利事务所、知识产权公司、人力公司等专业机构签署合作协议,构建申报软件著作权及发明专利、实用新型等多方面的惠企服务体系和中介网络。二是全年指导该平台调研走访、评估、指导双鸭山市内企业40多家,积极组织两市企业开展线上培训辅导活动,着力提升双鸭山市企业科研、专利和财务等管理水平,推动更多企业转型升级为高新技术企业。三是协助双鸭山市科技局编制双鸭山科技招商方案,指导中国科技开发院双鸭山孵化中心结合双鸭山产业特点,梳理黑龙江省内高校、科研院所及企业科技成果,编制科技成果转化融资清单。2022年6月和12月,双鸭山市在佛山国家火炬创新创业园两次举办"双山合作科技招商对接交流会",共有36名佛山市当地企业家参加活动,促成了广东鼎烨环保、佛山蓝启科技、广东金骏康生物等5家企业与双鸭山市进行科技合作签约。

二、2023年对口合作工作计划

深入贯彻落实党中央、国务院关于对口合作的战略指引,着眼东北老工业全面振兴,按照《东北地区与东部地区部分省市对口合作工作方案》《国家发展改革委办公厅关于东北地区与东部地区部分省市对口合作阶段性工作评估情况的通知》工作要求，2023年继续抓好各项重点工作落实，努力推动两市新一轮对口合作再上新台阶。

（一）切实提高政治站位，强化责任担当意识

坚持以习近平新时代中国特色社会主义思想为指导，深入学习贯彻党的二十大精神及习近平总书记关于东北振兴重要论述，不断提高政治站位，始终把对口合作当作重要政治任务、重大发展机遇紧抓不懈，推动两市对口合作向更宽领域、更深层次、更高水平迈进，携手在构建新发展格局中实现高质量发展。

（二）优化合作工作机制，高效推进合作工作

充分发挥两市对口合作联席会议机制统筹协调作用，不断完善机制，进一步加强两市各单位成员协同配合，推动各县（区）、市有关部门紧密联系，编制2023年度对口合作重点工作计划并抓好落实，形成更大工作合力，推动对口合作开展。持续在营商环境优化、园区合作、政务服务体系改革等方面开展合作，促进两市观念互通、思维互动、作风互鉴。

（三）狠抓合作项目谋划，加快项目落地见效

持续抓好双鸭山市投资环境和合作项目宣传推介，充分结合佛山市制造业基础较好的优势与双鸭山对外经贸等优势，适时组织有投资意向的佛山企业赴双鸭山市对接考察，努力促成更多工业制造和新兴产业类合作项目。持续跟进并协调解决两市重点合作项目推进过程中遇到的困难，加快项目建设步伐，优化服务保障。配合双鸭山市加快推进佛山市支持的民生及基础设施项目建设，改善当地群众生产生活条件，优化城市营商环境。

（四）持续开展互访交流，推动合作再上台阶

根据广东和黑龙江两省工作部署，落实两市领导互访对接相关工作。积极组织市、县（区）两级有关部门、社会企业及团体等开展学习考察，强化两市商协会、企业对接交流，力争各领域合作取得新成效。

（撰稿人：黄健、常志强）

第六章　惠州市与大庆市对口合作

惠州市发展和改革局　大庆市发展和改革委员会

2022 年，惠州市认真贯彻落实国家、省关于对口合作有关工作部署，按照《黑龙江省与广东省对口合作 2022 年工作要点》要求，与大庆市加强沟通，务实对接，两市对口合作工作取得阶段性成效。

一、2022 年对口合作工作开展情况

（一）完善工作机制，统筹推进对口工作

适时调整优化惠州市对口合作领导小组成员单位，发挥市对口合作办统筹协调作用，建立两市部门常态化沟通联络机制，整理形成 18 家对口单位主管领导和具体科室负责人工作通信录，推动两市各部门按照职能分工开展对口合作。印发《大庆市与惠州市对口合作 2022 年工作要点》《大庆市与惠州市对口合作"十四五"实施方案》，围绕建立健全工作机制、深化重点领域合作、推动优势产业合作、加强服务保障等方面，及时部署年度对口合作重点工作，明确"十四五"期间阶段性任务，促进两市在合作中相互借鉴、共谋发展。

（二）加强部门协调，开展多层次对接

惠州市组织召开两市对口合作工作座谈会，推动对口合作工作开展。大庆市选派两名同志分别到惠州市工信部门、政数管理部门跟班锻炼，加强两地干部人才互学互鉴。大庆市发展改革委率工信局、高新区、经开区等部门到惠州市仲恺区惠南科技园、大亚湾埃克

森美孚惠州乙烯项目现场、中海壳牌二期、惠城区高新科技产业园等地进行实地调研，大庆高新技术创新服务中心到惠州市走访企业和政府部门，深入探讨交流智慧城市建设、重点建设项目管理平台、园区建设功能等内容。两市其他部门、企业单位坚持通过手机微信等线上方式保持联系，共享招商引资信息，加强两地"惠企政策"交流，探讨工作经验和做法等，不断巩固和拓展对口合作成果。

（三）聚焦产业特色，有序推动项目实施

结合两市产业特色和资源优势，重点在电子信息、石化能源、文化创意等领域开展交流活动，以互利共赢为产业合作的出发点和落脚点，拓展合作领域深度和广度。不断推动大庆市孵化联盟与惠州孵化器协会合作框架协议的落实，促成惠州安耐康新材料有限公司就年产 10 万吨烷基酚项目和大庆市对接洽谈。"哈洽会"期间，两市商务部门共同探索会展业复苏发展方向，运用新技术、新渠道，助力企业抓订单、保客户、扩市场，探讨两市产业结合点，组织产业对接活动。

（四）开展产销对接，不断深化粮食合作

惠州市与大庆市签订《大庆市惠州市粮食产销合作协议》，就粮食产销合作、粮食资源和基础设施、沟通协调机制等方面进行联合经营、深度合作。积极筹备参加黑龙江第十八届"金秋会"，广泛动员企业参展参会，成功举办"大庆好粮油"全国巡展惠州站活动，推动惠州餐饮行业协会联合其他协会与大庆好粮油等 15 家粮油企业进行深度合作，肇源县鲶鱼沟万基谷物加工有限责任公司生产的碱地系列大米已在广东中石油昆仑好客、中石化易捷店等销售约 2230 吨。

（五）强化宣传引导，营造合作良好氛围

惠州市主流媒体积极宣传两市合作交流成果，围绕惠州市与大庆市对口合作的工作动态推出宣传报道。惠州电视台、惠州交通广播电台、惠州日报、东江传媒等惠州市当地媒体对"大庆好粮油全国巡展惠州站"活动给予大力宣传报道，推介"大庆好粮油"，并在现场播放大庆文旅宣传片。大庆日报社与杜蒙县共同承办"中国旅游日"黑龙江主会场活动，现场举办"北国好风光，尽在黑龙江"地市旅游精品展示、县区精品展示等活动，同时推介惠州大庆两市城市形象和线路产品，取得良好效果。

二、2023 年对口合作工作计划

（一）进一步推动产业合作

立足惠州市在超高清视频显示、5G 及智能终端、智能网联汽车、新能源电池等电子信息产业发展方面的经验，推动两市移动互联网、云计算、大数据、物联网应用等新技术、新业态发展，加快智能制造和工业互联网融合发展。深入挖掘两市在汽车电子零部件、新能源汽车等领域合作，抢抓智能网联新能源汽车发展机遇，推动汽车电子数字化转型、新能源汽车产业建设。围绕装备制造企业发展需求，加强两市在产品研发、零部件生产等领域的配套协作。鼓励两市科研院所和企业结成对口关系，解决企业技术难题。收集两市企业技术需求，引导两市科研机构和企业展开合作。

（二）进一步深化粮食产销对接

支持和鼓励惠州市粮食经营企业与大庆市粮食生产者和粮食经营企业开展订单收购、建立粮食生产基地、设立粮食收购点、拓展粮油精深加工等业务，同时积极探索开展粮食网上交易和电子商务。加强粮油信息资源共享，建立粮食市场信息定期通报制度，双方互通本地区粮食生产、供求、价格及协议履行情况等方面的信息，共同分享粮食管理的成功经验。发挥行业协会的桥梁作用，建立密切的联络机制，为两市粮食企业开展多种形式的经贸合作牵线搭桥，为两市粮食生产购销搭建交流合作的有利平台。

（三）进一步加强经贸交流

支持两市的商会、行业协会开展多种形式的对接考察活动，加强两市企业之间的沟通交流，引导两市企业根据需求去对口城市开展商务活动，搭建两市企业交流合作平台，推进两市在管理理念、营销理念、市场理念等方面加强交流。鼓励两市优秀民营企业、行业协会互访考察，引导两市企业在招商引资、商贸流通等领域开展务实合作，争取促成一批互惠互利的合作项目。积极邀请大庆市企业到广东省参加"高交会""海丝博览会"等重要展会，鼓励惠州市企业参加"哈洽会"等展会，进一步推动两市企业加强交流、拓展市场、合作共赢。

（四）进一步拓宽合作空间

探索挖掘惠州市在制药、旅游资源开发方面与大庆市在开发板蓝根、防风、柴胡等丰富中草药及温泉资源方面的合作新空间，组织业内龙头企业开展考察调研。扎实推动两市旅游交流从旅游部门拓展到协会、旅行社、景区及酒店等旅游企业。充分利用在大庆市举办的黑龙江省旅游发展大会，有计划促成两市旅游业界的交流互访，紧密两市文化旅游交流。促进两市旅游信息共享共通，进一步推动两市旅游企业之间开展深入合作，促进两市旅游消费，壮大旅游经济。

（五）进一步加强两市交流互访

适时推动高层考察对接和部门交流互访，围绕两市合作重点领域，进一步夯实两市合作内容。加强两市园区联动，促进优势互补、资源共享，相互借鉴学习园区管理，创新发展经验做法。组织两市科技部门、科研院所及企业进行互访交流学习，进一步拓宽科技创新合作领域。鼓励两市民营企业沟通对接，在管理理念、营销理念、市场理念等方面交流经验，促进两市民营经济健康发展。

（撰稿人：李培源、刘意）

第七章 东莞市与牡丹江市对口合作

东莞市发展和改革局 牡丹江市经济合作促进局

2022 年是党的二十大胜利召开之年，也是东莞市与牡丹江市对口合作进入深化阶段的关键之年。两市全面贯彻落实习近平总书记关于东北全面振兴的重要论述，深入推进东北振兴与粤港澳大湾区建设战略对接，依托已建立的合作基础和工作机制，围绕扩大合作领域和提升合作水平，持续开展双向往来交流，以项目合作为载体，加快推进项目建设落地，着力打造合作载体平台，各项工作平稳有序推进，取得了一定的成效。

一、2022 年对口合作工作开展情况

（一）加大交流对接力度，丰富对口合作内涵

1. 制定合作要点高层推动

两市根据《黑龙江省与广东省对口合作 2022 年工作要点》，结合实际制定了《牡丹江市与东莞市对口合作 2022 年工作要点》，增加了更加广阔的合作内容。一是制订互访计划。由两市主要领导带队互访，进行交流和学习，寻求更好的互动和交流实施方案，为两市全方位合作进一步奠定情感和人文共识基础。二是选派干部挂职。2022 年 8 月，牡丹江市派出政府副市长李玉俊赴东莞市松山湖高新区进行挂职锻炼，在挂职期间，带领牡丹江市相关单位与东莞市政府相关部门进行沟通联络，深化改革经验交流，共享改革创新经验。三是政府牵头招商。两市政府深入开展工作对接，积极帮助各类民营企业、商（协）会寻找合作线索，捕捉合作契机。牡丹江市先后拜会林润智谷中英产业创新基地、东莞子乔家居有限公司等 20 余家东莞商会、协会和行业龙头企业，牵头促成东莞市子乔家居有

限公司软包家居产业园项目成功落地牡丹江市西安区，广东铧为现代物流股份有限公司中欧班列（物流园）和广东鸿骏膳食管理有限公司预制菜产业园等项目取得实质性进展。

2. 部门联动协同推进

两市市直部门结合自身职能，开展精准对接，推进深入合作。2022年7月，牡丹江市工商联主席王伟华带队赴东莞市考察交流，先后拜访东莞市电子行业协会、东莞市食品行业协会、东莞市合福稻农业科技有限公司等10余家商会、行业协会和行业龙头企业。2022年9月，东莞市工商联（总商会）组织东莞14位镇（街道）工商联（商会）主席、团体会员企业家到黑龙江省牡丹江市开展对口合作考察交流活动，在牡丹江市签署了《牡丹江市、东莞市工商联（总商会）对口合作机制框架协议》。同时，两市市委外办贯彻落实龙粤俄"两国三地"创新合作模式，举行视频工作会议加强合作互动。东莞市文化广电旅游体育局对标两市对口合作工作要点，印发了《东莞市文化广电旅游体育局与牡丹江市文化广电和旅游局对口合作工作方案（2022—2025）》，并积极与牡丹江市文化广电和旅游局沟通协调，明确了"十四五"时期重点从加强部门沟通对接、开展文旅产业合作、推动两市互送游客、加强两市文化艺术交流、强化宣传营销五个方面推动两市对口合作常态化开展。

3. 县镇结对深入推进

两市各县（市）区镇街依托两市对口合作工作机制，结合各自的资源互补性，努力克服新冠肺炎疫情的影响，积极推进结对交流，拓展合作领域。2022年5～6月，牡丹江市东安、西安区、爱民区、穆棱市、林口县均分别派出招商小分队赴东莞市与结对镇街进行对接交流，进一步夯实合作基础。东莞市大朗镇协助海林市招商分队先后拜访20余家台商知名企业，与多家企业达成合作意向；厚街镇、沙田镇全力支持阳明区工作组对接企业百余家；大岭山镇与穆棱市经深入细致交流，于2022年11月双方签署友好城市协议。

（二）开展重点产业领域全方位合作，推进项目实施

1. 推动已签约项目落地落实

截至2022年11月，两市已建成和已开工建设的对口合作项目13个，总投资28.22亿元，涉及装备制造及加工业、现代服务业、软件和信息技术服务业、住宿和餐饮业等领域。其中，已建成达产牡丹江木业加工园区、牡丹江家具配件建设等8个项目，完成投资13.72亿元。已开工建设牡莞智能家居产业园、贤丰矿业集团洋灰洞铜矿建设等5个项目，总投资额14.5亿元。另有15个签约项目，计划投资16亿元，正在积极推动落实中。

2. 开展粮食和绿色农产品长期供销

按照两市 2018 年签订的《农副产品合作销售意向性协议》，以东北优质大米为突破口，将牡丹江优质农产品推广到广东沃尔玛山姆会员店、东莞嘉荣超市、碧桂园旗下直营社区超市等知名商贸企业，牡丹江康之源公司的康记石板米已入驻沃尔玛山姆会员店，并得到市场认可。除大米外，已扩展到黑木耳、猴头菇、油豆角等产品种类。同时，开展高端农产品定制，东莞市粮食部门积极组织本市粮油企业参加 2022 年黑龙江第十八届金秋粮食节，进一步加强"龙粮入莞"渠道建设，不断供应优质石板大米销入广东市场。

3. 促进重点行业领域合作

东莞粤港澳干细胞生物科技有限公司和东莞市恩联干细胞生物科技研究院，与牡丹江医学院合作，依托牡丹江医学院黑龙江省生物医药技术服务平台、黑龙江省细胞生物学领军人才梯队，推动牡丹江市干细胞诊疗水平的提升。东莞市工商联积极动员民营企业参与重点领域合作，推动东莞市工商联常委单位东莞市东迅物流有限公司与绥芬河海铁联捷国际货运代理有限公司开展木材多式联运服务，东莞市工商联常委单位广东铧为现代物流有限公司与牡丹江蚁聚高新技术创业服务集团有限公司开展的东北农产品供应链及冰雪兴农电子商务平台等项目落地落实。东莞市文旅部门积极动员本市旅行社到牡丹江市考察踩线，持续推广牡丹江市得天独厚的旅游资源，包装设计的多条精品旅游线路均得到广大游客的欢迎，尽管受疫情多地散发等不利影响，东莞市仍有近 30 多家旅行社推出牡丹江市旅游线路，基本覆盖了牡丹江市的著名景点。2022 年，东莞市游客到牡丹江市旅游的热度不减，据不完全统计，截至 2022 年 10 月底，东莞市游客赴牡丹江市旅游人数超过 2000 人。

（三）深入实施创新发展战略，协同培养发展新动能

1. 加快科技创新服务

牡丹江市科技局学习东莞市在高新技术成果转移转化、科技创新服务平台建设等领域的工作模式，借鉴东莞市孵化器、众创空间提档升级的经验，加快科技创新服务。截至 2022 年底，牡丹江市有省备案科技企业孵化器 13 家、省备案众创空间 5 家。

2. 大力推动科研合作

在两市的积极推动下，北京大学东莞光电研究院与牡丹江市科技局进行对接，拟引进光生物应用研发中心在牡丹江高新技术开发区设立智慧农业应用研发中心，并建设智慧农业实验基地。东莞市松山湖现代生物医药产业技术研究院、广东金美济集团、广东茂达特医食品科技有限公司（植物酵素片方向）、广东博工三六五机器人科技有限公司（精密医疗机器人方向）等企业与牡丹江市对接生物医药可合作项目。东莞市先端技术转移研究院、东莞众联检验认证集团、广东科创投资咨询有限公司等企业与牡丹江市对接洽谈科技服务方面的合作意向。

（四）打造合作平台，引领示范成效明显

1. 统筹规划建设合作平台载体

依托东莞市企业技术市场优势和牡丹江市对俄区位优势，围绕强化产业补链、强链、扩链，降低生产成本和共同开发国内国际市场，充分利用牡丹江市的境内外资源和产业基础，推动东莞市企业开辟俄罗斯市场，实现生产前移和产业转移，共同建设国内国外合作载体平台。目前已建成并投入使用的有穆棱市境外木业加工园区、阳明区牡莞智能家居产业园，在建和规划中的有穆棱市国际林木加工产业转型升级示范区（正在建设中）、开发区牡莞产业园（正在规划中）。

2. 强化平台载体引领作用

一是利用对俄区位优势，强化全产业链发展。穆棱国际林木加工产业转型升级示范区和绥芬河众家联木业集采平台针对产业链上游，就地建厂建仓，降低原材料成本。牡莞智能家居产业园利用阳明区原有产业基础，开展深度加工，推动产业链下游延伸。二是利用境外资产优势，启动境外园区建设。穆棱境外木业加工园区和规划中的东宁东—波跨境工业园区依托在俄境内工业园区，吸引东莞市企业充分开发俄罗斯原材料资源，促进生产前移。三是利用当地资源优势，规划建设特色产业平台。围绕牡丹江市丰富的绿色农产品资源，结合东莞市茶山镇等镇街的食品加工产业优势，广东智谷联创等东莞市食品加工企业积极与牡丹江市西安区和穆棱市对接，规划建设绿色食品产业合作园区。

3. 深化"两国三地"交流互动

贯彻落实广东省与黑龙江省共同提出的龙粤俄"两国三地"创新合作模式，两市举行视频工作会议，加强多层次合作互动。同时，牡丹江市组织东莞市家具行业代表参加中国黑龙江—俄罗斯远东林业合作线上推介会，组织人员参加俄罗斯符拉迪沃斯托克线上国际友谊节活动，积极推动东莞市、牡丹江市、俄罗斯符拉迪沃斯托克三地外办共同举行视频会谈，推动三地在经贸、科技、农业、数字经济以及教育、文化、旅游和体育等领域的合作发展。

二、2023 年对口合作工作思路

为深入贯彻落实党的二十大提出的"推动东北全面振兴取得新突破。立足新时代，

踏上新征程，我们要以更高站位、更大力度深入实施东北振兴战略"要求，深入实施国家区域协调发展战略，进一步深化东莞市与牡丹江市的对口合作，紧紧围绕两省省委、省政府的统一部署，结合两市实际，夯实合作基础、创新合作思路、深挖合作潜力，共同推进 2023 年对口合作工作深入开展。

（一）持续推动多层次人员交流互动，强化合作

一是开展高层互访。力争推动上下半年各自开展一次由两市主要领导带队的互访活动，通过高层互访，确定工作内容，议定重大事项，协调解决相关问题。二是用好展会活动。除"加博会""哈洽会""绿博会"等传统展会活动外，积极组织两市企业人员参加各类交流活动。三是用好现有人才交流平台和渠道。加大科技人员交流往来力度，实现科技交流助力产业发展，引智助力引资。同时发挥两市工商联、行业协会、商会的作用，积极组织两市企业家的往来交流。

（二）围绕两市协同发展中心，相携共谋发展

围绕进一步深化两市合作，深入实施新一轮东北地区等老工业基地振兴战略，充分发挥两市优势要素，共建产业协同发展中心。一是加快现有平台建设完善步伐。继续完善已投入使用的穆棱市境外木业加工园区和阳明区牡莞智能家居产业园的配套设施和服务，加快穆棱市国际林木加工产业转型升级示范区建设。提高平台承载力，不断壮大企业群体规模。同时，围绕东莞市产业优势和牡丹江市区位资源优势，因势利导，有的放矢，努力建设各具特色的产业合作平台。二是深挖两市园区优势，承接产业转移。深化东莞松山湖高新技术产业开发区与牡丹江高新技术开发区合作，通过产业合作园区等形式，从互惠共赢的角度出发，坚持市场化运作，搭建好合作平台，聚焦"绿色食品、生物医药、装备制造、文创旅游、电子信息、数字经济、冰雪经济"等领域产业合作，精准发力，携手健全工作机制、开展招商引资、推进产业发展，借力大湾区东风，两市相携，共同深化对口合作、拓展合作空间，使东莞松山湖高新技术产业开发区与牡丹江高新技术开发区得到更全面、更深入的融合，实现产业链与供应链的创新融合，推动两市经济社会高效快速发展。

（三）继续推动两市政府联动，夯实活动内容

1. 建立行业部门互访机制

健全联席会议、互访结对、招商与产业合作等会议制度，两市各有关部门和镇街（县市）认真总结五年以来项目推广招引的经验，重新梳理谋划项目，精心选定方向目标，主动开展新一轮对接。落实经合、商务、营商、发改、工信等重点行业部门互访机制。结合两市实际需求，由双方重点行业部门每年组织到相关领域、行业进行学习、考察、交流。通过互访考察达成一批产业合作项目；通过两市市委党校的多元化培训、学习、交流活动，解放思想、开阔视野、拓展思路，增添两市发展动力。

2. 建立市场主体交流机制

围绕两市园区支柱产业、新支柱产业，结合两市自身产业优势、产业资源、要素，产业链条上、中、下游互补需求，定期组织两市企业家进行交流互动；定期开展重点经济等领域的合作交流和论坛活动，提升企业、商会、行业协会、产业联盟、产教联盟间的交流合作层次和规模。

3. 提升改进服务

围绕加快推进项目落地见效，两市县区镇街和市直有关部门根据具体情况，细化任务、优化流程，切实提高签约项目落地率和履约率。

4. 相互学习先进经验

两市组织部门加强沟通，分批分领域举办各类培训班，组织两市乡镇、街道、机关等领域干部人才加强交流，全面互相学习区域经济、特色产业、社会服务、社会治理、党的建设等方面的先进经验。推进牡丹江市相关部门持续学习东莞市建立"数字政府"、开展商事制度改革和提升政务服务水平的经验，通过学习借鉴，推进"一网、一门、一次"改革，帮助提升政府政务服务能力和水平。

（撰稿人：皮圣洁、马泽方）

第八章　中山市与佳木斯市对口合作

中山市发展和改革局　佳木斯市发展和改革委员会

2022 年是对口合作进入深化阶段的关键之年。中山市与佳木斯市在两省省委、省政府的领导下，深入贯彻落实习近平总书记关于东北全面振兴的重要论述，深入学习贯彻落实党的二十大精神，全面落实《黑龙江省与广东省对口合作"十四五"实施方案》和两省工作要点要求，立足新发展阶段抓住合作机遇，融合两市比较优势，以创新发展为动力，以项目合作为载体，务实推进对口合作工作。

一、2022 年对口合作工作情况

（一）提升交流质效，共促深入合作

1. 加强两市互动交流

2022 年以来，中山市与佳木斯市深入贯彻落实两省关于对口合作的决策部署，两市交流互访密切，两市领导、部门、企业多次开展交流互访。2022 年 5 月 8 日，佳木斯市委副书记、市长丛丽带队赴中山市开展对口合作交流，与中山市委副书记、市长肖展欣进行会谈，双方围绕深化对口交流合作、加速推进中佳产业园区落地等方面进行深入交流，并达成共识。2022 年 6 月 20 日，佳木斯市委常委、抚远市委书记来中山市考察并开展招商推介活动。2022 年 8 月 2 日，中山市副市长欧阳锦全出席佳木斯—中山—阿穆尔共青城三方市长视频会晤，共谋龙粤俄"两国三地"城市间合作发展。此外，中山市火炬高技术产业开发区、中山市发展和改革局及相关企业也分别赴佳木斯市开展考察及对接活动。2022 年上半年，按照省委、省政府统一部署，两市共同拟订了《佳木斯市人民政府中山市人民政府深化对口合作协议》，计划于两省对口合作工作会议上签署，随着交流不断深入，两市对口合作不断向前发展。

2. 加强干部人才交流

优化干部人才交流培训机制，拓展交流渠道，创新交流方式，扩大交流规模。按照省委组织部有关安排，2022 年 8 月，佳木斯市 1 名领导、3 名干部分别到中山市政府、市文化广电旅游局、市工信局、市发展和改革局等单位跟岗锻炼半年。通过交流锻炼，开拓了两市干部视野、创新了两市干部思路、丰富了两市干部阅历，进一步增强了两市交融互通，也为下一步更好地开展合作奠定了基础。

3. 加强资源共享

2022 年 5 月 19 日，中山市公共资源交易中心与佳木斯市公共资源交易中心通过视频会议的方式，线上签署《对口合作框架协议》，缔结为对口合作单位。双方按照"资源共享、优势互补、合作发展"的原则，建立了交流互动机制，搭建起区域间互联互通、优势互补、资源共享的平台，实现了专家、场地等资源的跨地区共享，降低了交易成本，提高了交易效率，提升了两市公共资源交易中心交流合作实效，有利于打造更加公平、开放、优质的公共资源交易环境，优化营商环境，促进区域经济协同发展。

（二）充分发挥佳木斯农业优势，促进农业合作

1. 继续做大两市农产品企业合作

中山市广东果美农业发展有限公司和菜娘子（中山）农业科技股份有限公司与佳木斯市农产品企业的合作稳步推进。2022 年，果美公司继续与佳木斯优质农产品企业加强联系与合作，拓宽销售渠道，增加佳木斯市优质农产品种类，做到农副产品更加丰富、多元。"菜娘子"社区智能生鲜服务商城上佳木斯同江系列产品的种类与数量也不断增多。目前，两市企业已形成日常业务联系机制，做到产销信息及时交流，产销合作不断深入。

2. 加强两市粮食合作

一是组织中山市粮食经营、加工、贸易及经销商等相关企业参加"2022·黑龙江第十八届金秋粮食交易暨产业合作洽谈会"，促进两市粮食产销合作。二是 2022 年 12 月 26 日，在中山市举办"佳木斯好粮油下江南——中山站活动"，推出"佳木斯好粮油"公用品牌日出东极系列产品，活动中，中山东极供应链有限公司、中山市粮食储备经营管理有限公司、东莞市农卷风农业科技有限公司分别与桦川县富桦现代农业发展投资有限公司、黑龙江雪那红米业有限公司、黑龙江孙斌鸿源农业开发集团有限责任公司结成联销对子，三家公司签约佳木斯大米 127 万吨。三是加强中山佳木斯两市粮食信息相互通报，及时掌握了解两市粮食生产、供求、价格等方面的情况，为促进两市更加深入的粮食合作提供更全面的指导服务。

3. 积极拓展农产品产销合作领域

为拓宽两市优质农产品产销渠道，2022 年，两市供销联社共同发起、协调两市农产品电商企业在其现有的网络销售渠道开设农特产品销售专区，集中展示销售两市农特产品，推动佳木斯市质优价廉的地方特色产品、绿色食品等在中山市供销社自有平台及当地电商平台上销售，同时把中山市的好产品在佳木斯市供销社实体店和电商平台上展示，充分利用双方当地的网红资源、直播资源和宣传资源，宣传销售两市农特产品。同时，中山市供销联社与普帅农业科技有限公司、中山市西藏林芝源有限公司与黑龙江华腾生物科技有限公司开展合作，在中山市销售佳木斯市优质农产品。

（三）推动产业合作升级，推进合作项目实施

1. 和超高装超导腔制造项目进展顺利

和超高装（中山）科技有限公司是一家专门从事超导腔的研发、制造、销售及其后续服务的高新科技企业，由哈工大机器人集团与哈尔滨工业大学超导腔团队于 2020 年联合创立。项目投资总额 1.5 亿元，选址位于中山市三角镇产业平台内，已安排 99 亩用地指标。拟建设一个高端集成装备的制造中心，在超导腔制造领域成为国内首家、国际前列的高端集成装备制造中心，同时兼顾其他高端制造领域（如发动机、飞行器、水下器具等）的需求，建成华南地区特种焊接技术的研发和应用中心。项目进展顺利，1 号厂房如期完工，3 号厂房如期封顶，2 号厂房启动建设，预计项目建成达产后年产值 4 亿元。

2. 中山哈工大昂腾光电氟化物人工晶体材料项目稳步推进

中山昂腾光电科技公司于 2019 年在中山市投运。2022 年以来由于受新冠肺炎疫情多点散发的影响，昂腾光电公司订单量有所下降，公司一度出货困难，为此，中山市在严格落实防疫措施的前提下，积极协调部门为企业开通绿色通道，保障道路运输畅通，稳定公司发展。同时，面对中山昂腾光电科技公司希望扩大生产规模的诉求，中山市积极协调相关金融机构、风投公司、相关企业与该公司对接，洽谈合作事宜，促进企业做大做强。

3. 深入推进文化旅游合作

持续打造"南来北往，寒来暑往"营销品牌，强化推广两市文化旅游资源产品，提升品牌知名度。2022 年，依托佳木斯抚远市招商引资推介会，组织发动 20 多家旅行社和文旅企业以及旅游协会、旅行社行业协会代表参加，鼓励中山市旅行社和文旅企业加深对佳木斯市旅游资源的了解，促进中山市文旅企业参与开发佳木斯市文化旅游项目，提高两市文化旅游产业资源互通水平。推介会上，中山市旅游协会与抚远市文体广电和旅游局签署了战略合作协议。双方决定将继续拓展文化交流渠道和模式，深化黑土文化与岭南文化交流互鉴；加强旅游业态合作，打造两市特色旅游品牌和线路，推动两市市场互动、客源互送、资源共享；适时举办文化旅游资源推介活动，利用新媒体资源加强双方营销活动的宣传推广，提升品牌知名度。

（四）支持佳木斯双创基地建设，协力培育发展新动能

自广东大唐盛视科技产业有限公司与佳木斯高新技术创业服务中心合作建设运营佳木斯高新区创新创业基地（以下简称佳木斯双创基地）以来，双方通过整合资源，加强基地招商、运营管理、企业孵化服务等，不断提升双创基地孵化能力，通过在空间、市场、资金、管理、服务等各个方面给予扶持，减少创业成本，降低创业风险，提高创业成功率。合作期内，大唐盛视科技产业有限公司辅助佳木斯双创基地建设完成现代化创新创业基地展厅，完善配套设施和配套服务，满足创新创业的基本需要。并通过举办龙粤（中山）科技创新创业投资大会、举办佳木斯赛区创新创业大赛、成立广东省首个双向孵化基地、辅导建立创业导师库等助力创新企业发展。通过支持与辅导成功帮助佳木斯双创基地成为国家级科技企业孵化器及国家小型微型企业创业创新示范基地。据统计，合作期间，佳木斯双创基地累计入孵企业 89 家、累计毕业企业 10 家、累计新增企业从业人员数164 人；举办创业辅导、创业培训、管理咨询、业务交流等一系列创业服务活动 20 场次，助推企业科技成果转化及产业化发展。2022 年 3 月，双方合作期满，佳木斯双创基地交由佳木斯高新技术创业服务中心独立运营，此次合作，有效地促进了两市孵化企业合作，为佳木斯市创新发展培育了新动能。

（五）深化与哈工大机器人集团合作，促进科技成果转化

2017 年，中山市与哈工大机器人集团共同打造的哈工大机器人集团中山双创基地（以下简称基地）落地中山市翠亨新区，基地建筑面积近 3 万平方米，成为广东省科普教育基地、中山市级智能制造孵化器、中山市公共服务平台联盟副理事长单位。2022 年以来，基地不断发挥自身优势，大力引进人才，推进创新资源建设，开展产学研合作，促进科技成果转化，推动两市产业合作发展。

1. 大力引进人才

截至 2022 年底，累计引进人才 60 人，其中院士 1 人、博士 17 人、硕士 22 人；高级职称 7 人、中级 10 人；研发人员占在职员工比例为 71.4%，硕士以上学历的研发职工超过 73.4%；已引进并认定中山市高层次人才 23 人。

2. 推进创新资源引进及研发体系建设

在创新资源引进方面，引进"哈尔滨工业大学超精密仪器技术及智能化工业和信化部重点实验室""特种环境复合材料技术国家级重点实验室"2个国家级重点实验室。在研发体系建设方面,建成5个研究所,包括"精密仪器工程研究所""无人装备与智能制造研究所""新材料工艺与技术研究所""数字经济研究所""半导体研究所"。此外,获批广东省第三代半导体重大专项——大尺寸高品质金刚石单晶材料生长装备及工艺技术、广东省重点领域研发计划新一代通信与网络专项"智慧机场5G专网及应用研究示范项目"2项省级重点领域研发专项并稳步推进。

3. 建设多个创新平台

成功获批广东省高水平新型研发机构、广东省首批专利预审服务工作站、广东省博士工作站、广东省自然科学基金依托单位、中山市超精密仪器哈工大机器人中山研究院工程技术研究中心、博士后创新实践基地等多个省市平台。基地正在依托院士团队技术,建设中山市高端智能制造装备关键共性技术研发公共服务平台,平台将围绕超精密测量及精密光学加工方向开展关键共性技术研发、推广与应用,服务中山市检测行业和翠亨新区"西湾国家重大仪器科学园"相关企业。

4. 积极开展产学研合作

2022年以来,基地继续积极依托各个产业协会在家电及灯具领域开展产学研合作,已与广东艾默森科技有限公司共建"高温耐火材料联合实验室",与中山市达尔科光学科技有限公司共建"智慧照明联合实验室",同时联合哈尔滨工业大学高校科研资源积极辅助周边企业完成多项技术攻关,帮助多个合作企业实现扩产增效。

5. 科技成果丰富

截至2022年10月底,基地总申请专利157项,其中,发明99项、实用新型55项、外观3项;总授权专利75项,其中,发明24项、实用新型50项、外观1项。2022年,授权专利30项,其中,发明19项、实用新型11项。已投稿/发表学术论文6篇,其中有5篇学术论文为与哈工大联合完成,上述5篇论文已有2篇发表于SCI期刊,有1篇学术论文在国内期刊发表。

(六)深化与华润集团的战略合作,打造央地合作示范样板

1. 高层密切互访,深化双方合作

2022年5月7日,佳木斯市委副书记、市长丛丽赴华润集团拜会华润集团董事长王祥明,副总经理、华润电力董事局主席王传栋,并深入华润电力、华润三九、华润五丰和华润万家四大板块公司进行考察洽谈。双方就加快推进项目建设、深化务实合作、拓宽合作领域等方面深入交流并达成共识。2022年7月29日,华润集团董事长王祥明带领六大板块公司赴佳木斯市参加央企合作暨重点合作项目签约活动,华润集团与佳木斯市签署4

项投资协议，总投资 39 亿元。其间，华润集团董事长王祥明参加了华润集团新能源投资有限公司黑龙江分公司、佳木斯华润三九中医药传承创新公司揭牌仪式，并与佳木斯市委书记王秋实，市委副书记、市长丛丽就进一步深化双方战略合作进行深度交流。王祥明表示，华润集团将坚定贯彻新发展理念，主动融入新发展格局，充分发挥多元化产业优势，进一步深化与佳木斯市多领域、全方位、深层次的合作，全力把佳木斯市打造成为华润集团各业务板块协同发展的新样板。2022 年 9 月 13 日，华润万家董事长徐辉赴佳木斯市就加快合作进度、深化务实合作进行深入交流。华润万家已派出团队到佳木斯实地考察并完成第一批商品采购。

2. 签约项目落地，推动投产达效

华润集团与佳木斯市合作的 4 个项目，分别是富锦、桦南、桦川华润风电项目和华润中医药产业园区项目，2022 年均已开工建设。佳木斯市 2022 年风电指标 60 万千瓦，位列全省各地市第一，与华润集团合作发展新能源项目，项目总投资 36 亿元，建设富锦 15 万千瓦、桦南 30 万千瓦、桦川 15 万千瓦 3 个风电项目。项目建成后，年发电量可达 16 亿千瓦·时，节约标准煤 50 万吨或节约用水 210 万吨，减排二氧化碳 140 万吨、二氧化硫 740 万吨。三家项目公司均已完成注册，三个项目已开工建设，2022 年完成固定资产投资 6.1 亿元。华润中医药产业园区项目总投资 5 亿元，收购原佳木斯市乌苏里江药业，盘活当地闲置资产，发展中医药精深加工、智能煎配、医院制剂生产等业态，配套建设中药材种植基地，一期项目设计年产中药饮片 6400 吨，可实现年产值 3 亿元，推动中医药全产业链发展。项目已完成办公楼、食堂修缮工程及饮片车间基础工程施工，正在进行钢结构安装，钢结构框架已完成 95%，有望 2023 年 8 月投产。

华润绿色食品产业园区通过佳木斯市与华润集团、北大荒集团和中山市多方合作，采取一区多园的模式，打造"6+3"产业体系，即发展工业主食精深加工、中央厨房预制菜、绿色果蔬加工、特色畜禽肉制品加工、方便休闲及功能健康食品加工、水产品精深加工六大主导产业，综合物流、研发检测、金融及公共服务平台三大配套产业，推动佳木斯市由金色大粮仓向绿色健康大厨房转变。佳木斯市已委托江南大学完成园区产业规划，双方达成技术合作共识，江南大学择优推荐 100 余家国内知名食品企业作为招商对象。华润万家将在佳木斯市注册子公司，依托万家 3400 家门店的营销优势，通过大数据筛选优质供货企业，引导企业到园区投资建厂，并为园区产品打开销售渠道。

3. 产业联盟合作，形成合力共赢

借助华润集团多业态产业协同发展优势，佳木斯市积极引入上下游产业项目，推动产业链式发展，逐步形成产业集群。依托新能源装备制造产业园区，引入中车、隆基、华润等振兴东北新能源产业联盟优秀成员单位，通过成立公司或采取协议的方式明确各企业的相关利益，形成合力带动产业链上下游共同参与产业园建设。隆基光伏组件项目已完成主体厂房基础、食堂、门卫房和化学品库基础工程、食堂、化学品库、门卫基坑回填及主体厂房钢结构安装，正在进行墙面板及屋面板施工，预计 2023 年 8 月投产。中车集团年产 300 台（套）风电主机筒制造项目已完成厂区附属设施及联合车间基础施工及消防水池的建设，完成生产辅房土建及钢结构安装，正在进行主机厂房保温外板和机电工程施工，项目有望在 2023 年上半年竣工。

（七）推动共建中佳产业园区，打造合作平台载体

1. 成立中佳产业园区筹建工作组，压实工作责任

2022 年 3 月，两地政府联合下发通知，成立中佳产业园区筹建工作组，组长分别由中山市常务副市长叶红光与佳木斯市副市长马新辉担任，两市相关地区、部门为成员。压实工作责任，形成合力统筹推动园区筹建工作，加快推动园区早日落地建设。

2. 落实公司人员，研究制订方案

按照由两市国有企业共同组建合资公司，以合资公司为主体，按照市场化方式，推动园区建设的合作意向，中山市研究确定由中山市火炬公有资产集团公司牵头与佳木斯相关公司共同组建合资公司，共同建设运营园区，同时，为保证园区筹建工作顺利开展，中山市指派公司 5 名相关人员开展前期筹建工作。2022 年 6 月，中山市组织相关人员赴佳木斯市实地考察并与佳木斯筹建单位对接，对中佳产业园区选址及该市产业基础进行实地考察，就共建产业园规划选址、合作模式、公司发展规划、两市利益分成、阶段性工作目标、产业发展规划、土地整备等内容及相关问题进行对接交流，初步研究确定中佳产业园建设方案。

3. 深入交流，明确方向

2022 年以来，中山市公司筹建人员多次前往佳木斯市常驻并开展前期各项工作。与佳木斯市当地政府及相关部门、相关企业多次座谈交流研讨并进行实地走访调研，充分了解当地资源禀赋、区位优势、产业发展情况、企业生产成本、优惠政策等方面的情况，并就中佳产业园协议条款与佳木斯政府进行协商，两市已就发展目标、合作模式、期限和选址范围、推进机制、重点合作方向等方面的内容达成共识。为保证产业园区高质量建设，中山市委托广东省城乡规划设计研究院开展中山佳木斯产业园概念规划前期研究，对佳木斯产业特征、区域产业格局、园区产业发展目标定位、园区产业空间布局以及园区分期实施步骤等方面的问题进行深入研究。

4. 凝聚共识，形成战略合作协议

为加快推进中佳产业园区建设，在凝聚两市共识的基础上，2022 年 9 月初，两市筹

建工作组草拟了《中山市人民政府　佳木斯市人民政府合作共建中山佳木斯产业园区战略合作协议（送审稿）》分别报送两市政府，待两市政府审定后签署。为充分保障各方权益、推动园区合作共赢，两市投资协议还在继续推动中。

（八）继续加强经贸交流，促进民营经济合作

1. 积极促进两市经贸交流合作

2022年6月下旬，中山市与佳木斯抚远市两地在中山市共同举办抚远市招商引资推介会，两地160余家企业以及30余个政府部门参加，推介会上，华为技术有限公司、黑瞎子岛旅游投资发展有限公司、东龙鲟业有限公司、玖成水稻种植合作社、红海植业有限公司等企业进行了项目推介。中山市小榄镇人民政府与抚远市黑瞎子岛镇人民政府、中山市古镇镇人民政府与抚远市乌苏镇人民政府、中山市旅游协会与抚远市文体广电和旅游局、中山市黑龙江商会与抚远市远东国际商会分别签署了战略合作协议。2022年11月下旬，中山市在博览中心举办中山市首届乡村振兴产业展暨第三届疯狂购物节特惠日活动，其间邀请了佳木斯市相关企业参加，积极对外宣传推介佳木斯市名优特产品。通过一系列的交流活动加强了中山市与佳木斯市的友好联系，促进了两地经贸、商务往来。

2. 促进两市商协会企业开展合作

一是2022年以来，中山市工商联积极通过网站、公众号等多种形式把黑龙江省的产业信息及时推荐给中山市企业，推动产业对接，给双方企业带来更多更好的发展机会，促进了两地经济发展。二是广泛向商协会企业宣传黑龙江自贸区相关优秀创新举措，进一步推动黑龙江自贸区商协会企业与中山市商协会企业合作共赢。

（九）开展"两国三地"交流互动，积极融入"一带一路"建设

为深度融入共建"一带一路"，积极参与"中蒙俄经济走廊"建设，在构筑国家向北开放新高地上率先突破，2022年8月2日，佳木斯市委副书记、市长丛丽，中山市副市长欧阳锦全、阿穆尔共青城市市长亚历山大·维克托罗维奇·若尔尼克举行佳木斯—中山—阿穆尔共青城三方市长视频会晤，共谋龙粤俄"两国三地"城市间合作发展。会晤期间，三方共同观看了佳木斯、中山、阿穆尔共青城三地宣传片。中山市投资促进局、佳木斯市商务和经济合作局、阿穆尔共青城市经济发展局分别作了招商主旨推介。三地市领导表示，将以此次视频会晤为契机，通过"两国三地"合作模式，充分发挥佳木斯市的地域优势、中山市的经济优势和阿穆尔共青城的工业及科技优势，为"两国三地"间开展经贸领域的交流合作创造广阔空间，不断推动、促成三地企业开展务实合作，实现互利共赢。

二、2023 年对口合作工作计划

党的二十大对推动东北全面振兴提出了更新、更高的要求。紧紧围绕习近平总书记关于东北全面振兴的重要论述，深入学习贯彻落实党的二十大精神，全面落实《黑龙江省与广东省对口合作"十四五"实施方案》，深入贯彻落实两地省委、省政府的工作部署，深入推进东北振兴与粤港澳大湾区建设战略对接，立足两市实际，2023 年计划做好以下几方面的工作：

（一）继续推进两市产业合作

按照《黑龙江省与广东省对口合作"十四五"实施方案》部署要求，依据两市优势，继续推进两市在农业和绿色食品产业、生物医药和新能源等新兴产业、装备制造业、新材料及建材加工产业等方面的合作。继续加强互访交流，拓宽合作渠道。

（二）进一步加强两市文化旅游部门的交流合作

促进两市旅游业的互动和交流，加强互送客源和宣传推广等工作的落地。继续加强两市线上平台的推广与交流，优化共享机制，创新宣传推广方式，推动"南来北往，寒来暑往"品牌的提升，并落实好上级交给的其他工作部署。

（三）不断拓宽经贸合作交流平台

紧抓对口合作机遇，不断拓宽经贸合作交流平台。继续发挥桥梁和纽带作用，以两市商务领域交流合作不断深入为契机，积极构建有利因素，增强对接交流的精准度。

（四）推动中佳产业园尽快落地

按照"政府主导、市场运作、企业主体、社会参与、优势互补、合作共赢"的原则，充分发挥佳木斯和中山两市的比较优势，借鉴深哈产业园合作模式，推动中佳产业园尽快落地。

（五）动员社会力量参与对口合作

加大对口合作宣传及佳木斯投资环境的推介力度，共同推进政策落地，共建对外开放平台，通过项目把对口合作引向纵深，形成合力从而推动两市对口合作工作，实现优势互补、互利共赢，携手共谋两市发展。

（撰稿人：杨震、刘洁）

第九章　江门市与七台河市对口合作

江门市发展和改革局　七台河市发展和改革委员会

2022 年，江门市和七台河市共同克服新冠肺炎疫情困难，全面贯彻落实两省对口合作工作会谈精神，在巩固和提升现有合作成果基础上，努力推动对口合作工作走深走实，两市合作机制日臻完善、合作领域不断拓展，工作取得新突破。

一、2022 年对口合作工作开展情况

（一）高层对接互访，凝聚合作共识

2022 年 6 月 13~14 日，七台河市委书记王文力带队到江门市开展考察调研活动，与江门市委书记陈岸明进行会面，商定两市立足既有合作基础，深化拓展合作空间，发挥比较优势，精准对接，在产业合作、园区共建、旅游合作、农业合作上发力，高质量推动对口合作向纵深发展。2022 年 7 月 21~22 日，江门市委副书记、市长吴晓晖率政企考察团回访七台河市，考察七台河市江河园区建设和石墨烯产业、特色农业、冠军文化发展情况，与七台河市委副书记、市长李兵进行座谈，达成在深化园区共建、产业互补、科技创新、文化旅游、经贸招商、基本公共服务经验共享等方面继续加强合作的共识，争取打造龙粤两省对口合作新样板。

（二）工作机制日臻完善，重点领域不断拓展

一是制定 2021~2022 年江门市和七台河市对口合作任务清单，继续推进 2022 年的 14 项工作任务。二是根据两市领导会谈确定的工作方向，制定后续工作清单，在创新合作模

式、产业链延伸与产业转移、园区共建、挖掘产业合作契合点、完善合作交流平台、基本公共服务经验共享、科技创新联合、文化宣传交流互动 8 个方面共列出 11 项工作任务，明确责任单位共同推进。三是共同起草《黑龙江省七台河市与江门市对口合作"十四五"实施方案》，确定了两市"十四五"时期对口合作的工作目标，明确 17 项重点任务，全面规划新一轮工作。

（三）派驻干部到岗就位，对口合作实现新突破

从 2022 年起，江门市在市直部门和有关园区分批选派业务骨干，组成派驻工作组（以下简称工作组）到七台河市开展对口合作工作。2022 年 7 月 23 日，以潘创明同志为组长的首批派驻干部到岗就位，这是两省合作以来广东省首支采取派驻形式开展对口合作的干部队伍。工作组迅速进入角色，建立工作机制，制定工作守则，以优良的工作作风和先进的发展理念，深入开展对口合作工作。一是"以点拓面"推动多个重点领域工作开展。先后参与七台河市经济稳增长工作调研，筹备召开两市园区运营建设研讨会，为七台河市开发了投资产业地图小程序，参照"江门政务"模式开发"七台河政务"App 和自助终端，开通两市政务服务远程在线视频办理专区。推动在江门驻深圳市投资促进中心增设七台河市驻点招商功能和在江门市区域合作地区名特优产品展示馆增设七台河展区，推进两市互设特色农产品及预制菜展销点和七台河市粮食企业与江门市食品、饲料加工企业进一步对接等。二是发挥桥梁纽带作用，当好联络员和宣传员。工作组不仅促进两市党政、社会之间的沟通联系，同时拓展了合作的深度和广度。与七台河市有关方面就园区管理体制、运营路径选择等进行深入互动交流，介绍江门市园区工程建设、财务管理、企业服务制度和园区建设第三方服务机构遴选方法，以及支持新区发展实施方案和权力下放的经验做法等，并提供了先进案例和文件资料。把江门市在"放管服"改革、产业融合、园区再造等方面的先进经验和理念传递到七台河市。同时，积极宣传两市营商环境和发展理念，扩大两市知名度。三是开展充分调研，积极建言献策。有针对性地对七台河市经济、产业及园区建设等方面进行调研。焦化能源方面调研了宝泰隆、大唐发电、亿达信能源、龙洋焦电、德利能源等企业；制药方面调研了联顺制药公司等企业，相关信息已成为两市产业对接的重要参考，促成一些企业进行交流对接。同时，结合江门市做法积极建言献策，提出了加强园区统一管理、培育开发预制菜产业、加快优化政府公文办理流程等建议，得到了七台河市政府及有关部门的高度重视。

（四）园区共建不断创新，内生动力不断增强

园区共建是两市对口合作的一项重点工作，"江河园区"载体建设寓意深刻、成果显

著，得到了国家和省政府高度关注。经过多年的发展，江河园区发展已然进入了两省共建产业园区的第一梯队，是继深哈园区后，两省合作最为成熟的园区。

江门市 5 名派驻干部，有 3 人直接任职到茄子河区，并协助参与江河园区建设、招商引资及重大项目推进工作。2012 年 10 月 12 日，七台河市召开了"江门·七台河园区建设运营研讨会"，工作组干部作了题为"江门国家高新区建设运营机制之思考"的发言，先后介绍了江门国家高新区发展历程、鹤山工业城发展和运营经验、江海区高新技术企业培育和发展经验，与参会各县区和园区代表交流，为七台河园区未来发展和运营提供经验和启示。

截至 2022 年底，江河经济开发区基础设施已累计完成投资约 46 亿元。园区主体道路全线通车，供排水一体化工程总进程完成 90%，固废填埋场完成部分坝体填筑及坝体下排水管涵施工。园区建设以来新引入企业 11 家，总投资 159.5 亿元。2022 年 8 月，江河园区通过省级化工园区认定和国家应急部审核，已成为区域发展的一块"金字招牌"，在突出区位优势、承接化工产业转移、拉动区域经济发展上面临巨大机遇。

（五）推动精准对接，深化六大合作

2022 年，七台河市与江门市共同克服新冠肺炎疫情影响，充分利用云端网络等互联网技术开展交往交流，线上线下多措并举，实现各领域各部门间工作交流不断线。

1. 优化营商环境和数字政府方面

两市互相借鉴商事制度改革方面的成功经验，优化营商环境和提升政务服务水平，将政务服务链条延伸到群众身边，让办事群众体验到就近能办、多点可办、少跑快办的政务服务。一是创新交流。2022 年 5 月 20 日，两市发展改革部门共同签订了《优化营商环境经验交流合作框架协议》，双方将结合两市实际着重开展招标投标和创新创业等方面的经验交流，携手打造一流营商环境，得到了省级有关部门的认可和提倡。借鉴《江门市贯彻落实国务院扎实稳住经济一揽子政策措施实施方案》，七台河市出台了《七台河市人民政府关于印发贯彻落实国务院、黑龙江省扎实稳住经济一揽子政策措施责任分工方案》，共制定 8 大方面 45 条政策，统筹疫情防控与经济发展，切实帮助企业解决实际困难，提振市场主体信心。在发展生物经济和数字经济方面，七台河市借鉴《江门市贯彻落实广东省建设国家数字经济创新发展试验区工作方案若干措施》《江门市战略性新兴产业发展"十四五"规划》《江门市数字政府改革建设"十四五"规划三年行动计划（2021—2023年）》等规划的思路，完成《七台河市"十四五"生物经济发展规划》《七台河市数字经济发展规划 2022—2025》的编制工作，并配套出台了政策支持文件。二是开展数字政府建设普查。通过借鉴江门市政务数据管理模式，七台河市营商局完成了数字机房数据编制、信息系统建设情况、政务数据目录、数据应用需求和电子证照制发等多项数据收集和调查工作，为全市数字政府建设摸清"家底"。三是开发建设七台河政务服务自助终端。依托江门政数局数据资料支持，七台河市开发政务服务自助终端建设，2022 年 8 月 12 日，广东"粤智助"系统服务商广电运通公司团队进驻七台河市。在全市铺开自助终端 180 个，系统已开发上线社保、不动产业务等功能。四是协助开发政务 App。参考"江门政务"样板，结合七台河市实际需求，开发了"七台河政务"App，实现政务服务大厅网上预约办理和开通网上诉求渠道的应用功能，便利疫情防控，畅通诉求渠道，后续将上线12345 政府热线网上投诉建议、掌上办等功能。五是推进两市政务服务通办。两市共同梳理一批高频"跨省通办"政务服务事项，通过政务服务网"跨域通办"专区向企业群众提供"一网通办"服务。推动企业开办、公积金、社保业务、驾驶证办理等领域高频事项实现全程在线申办。截至 2022 年底，江门市 260 项事项可在七台河市办理，七台河市42 项事项可在江门市办理。六是开通视频办理专区。推广广东政务服务网"视频办"专区做法，在七台河市市民中心开通远程在线视频通办专区，通过预约视频远程办理业务，满足企业群众异地办事的需求。2022 年 8 月 26 日，广东政务服务网"视频办"专区上线启动仪式在江门市举行，当天，七台河市某市民首次与"视频办"工作人员通过视频连线，使用共享屏幕和操作演示指引，顺利为其父亲办理了在江门市工作时的公积金退休提取。

2. 重点产业合作方面

一是江门市密切跟进七台河市联顺制药项目进展情况，为建立长期、稳定的硫氰酸红霉素中间体等供求关系寻求进一步合作空间。二是积极做好江门中创新航项目与七台河市负极材料对接合作工作。江门市已初步掌握七台河高新区新材料产业园区基本情况，详细了解负极材料生产公司和负极材料项目情况，抓紧推动合作。

3. 绿色农业方面

两市充分发挥各自在现代化农业高质量发展方面的优势，促进共同发展，牵引和带动乡村振兴。一是推进两市农产品流通对接。经工作组商洽，两市有关部门开展了特色农产品和预制菜互推互销活动，由两市农业农村局制定展销产品清单，供销社协调已有线下展销点，为对方入选企业免费提供 1 年展销摊位。两市均拿出好的商业地段门店，为对方参展企业无偿提供经营场所，江门市挑选陈皮系列和干海产品系列等 50 余个优质商品赴七台河市展销，七台河市组织圣海奥斯、臻玉糯、宏泰松果等 9 家农业龙头企业共 16 款特色农产品赴江门市展销，两市展销单品达 100 余种。二是加大两市农业适用新品种新技术的引进示范推广。江门市引进七台河市绿色农产品和种植技术，在江门市农科所开展粮食、蔬菜等新品种试验示范，召开现场观摩会。江门市国家农业科技园区已从七台河市引进了白雪公主草莓、红颜草莓、409 花生番茄和紫薯土豆等品种进行试验种植，草莓和番茄已于 2022 年 10 月 24 日在温室大棚内完成移栽，计划种植示范面积约 1200 平方米。三是充分发挥现代化农业优势，牵引和带动乡村振兴。通过七台河市供销社和商务局推荐，七台河市绿色食品木耳、蓝靛果系列产品已经在江门市消费帮扶馆和侨润超市上架销售，前期进货额约 1 万元，后续将跟进松子仁和水果玉米等产品。同时，江门中科智锐（邑帮扶）科技有限公司在消费帮扶馆内设立了七台河农副产品专柜。四是推进粮食异地购储，加强两市粮食合作长效机制。2022 年 6 月，北大荒粮食集团七台河有限公司与鹤山市东古调味食品有限公司签订了大豆收储战略合作协议。通过七台河市所在的大豆主产区区位优势，依托北大荒粮食集团的收购渠道及仓储能力，为东古调味食品有限公司提供了优质的原材料和供应保障。七台河市将以此打造"龙粮入粤"示范，拓展"异地存储"品种和数量，促进更多粮食、农业企业合作。

4. 深化招商引资方面

一是开发七台河投资产业地图 App。2022 年 8 月，江门市在全球招商大会上发布了江门产业招商地图 App，运用数字化手段开展精准招商，成效显著。经工作组协调，参照江门 App 免费开发七台河投资产业地图 App，在江门框架的基础上进行优化和专属定制，设置"认识七台河""投资优势""投资政策""重点平台""产业链图谱"等六大板块。清晰地展示七台河市产业园区、地块资源、工业厂房及投资政策等，明确准入门槛、用地类型、联系方式等资料。企业家们只需要拿出手机扫描二维码，就能做到"广袤七台河，一图读懂"，高效便捷地吸引投资者的关注，拓宽招商途径。小程序已完成开发并正式投入运营。二是共享驻深圳招商硬件资源。依托江门市地处湾区优势，两市开展联合招商。七台河市在江门驻深圳招商联络处加挂七台河招商标识、增设资料展位，并通过江门投资促进中心共享招商资讯，携同七台河市在深圳开展咨询交流和企业拜访活动。在深圳市成功举办了江门市、七台河市与深圳企业家座谈会和七台河市驻深圳投资促进中心挂牌仪式。七台河市勃利县两名干部已到中心办公并开展招商引资工作。三是设立对口支援地区名优特产品展示馆。江门市商务局以推动主要商业街区活化提升工作为契机，利用蓬江区白沙大道西部分闲置铺位，积极申请专项资金，通过"对口帮扶＋农村电商＋商铺盘活"模式，打造对口支援地区名优特产品展示馆，并设立了七台河市展示专区，进一步扩大七台河市名特优新产品的销售渠道，两市商务部门已对接具体展示方案，待展馆装修完成后正式入驻。

5. 科研创新方面

2022 年以来，两市积极开展产学研对接交流活动，围绕双方优势产业发展的创新需求，推动两市企业、高校及科研院所开展合作。一方面，加强两市科技部门对接，收集对接需求。抓住碳达峰、碳中和的关键期和窗口期，通过两市科技部门共同协调，七台河市科技局组织高新区、宝泰隆、鹿山紫顶赴江门市双碳实验室考察交流，与江门市"双碳"实验室建立了对接，并与五邑大学、广东省光电材料及应用工程技术研究中心、江门市高新区、新会陈皮村、励福（江门）环保科技股份有限公司等园区和企业建立联络，推动两市在氢能综合利用、二氧化碳捕捉、LNG 发动机、智能家居制造等项目上开展产学研合作。借力江门"双碳"实验室高端人才团队，合作开展高新技术应用转化，进一步解决生物发酵、锂电池负极材料、煤系高岭土制备陶瓷等方面的技术难题。另一方面，开展产学研对接交流。2022 年 6 月，七台河市科学技术局一行到五邑大学调研，参观了中德（江门）人工智能研究院、广东省光电材料及应用工程技术研究中心，同材料学院新能源材料与器件研究团队进行交流，并积极推动七台河市与江门市相关企业在项目委托开发、样品分析测试及改进等方面达成合作意向。接下来，两市科技部门将加快推进合作意向的成果转化。

6. 文旅合作方面

开拓两市文化交流渠道，积极举办旅游推介活动。一是开展旅游宣传推广活动。两市持续利用互联网平台相互推介两市城市特色。江门市文广旅体局先后发布了《冬奥冠军之乡七台河》《冠军城七台河·四时好风光》，重点介绍了七台河市独特的北国旅游资源和冠军文化；七台河市文旅局发布推文《江门，一座因海而生的城市，美得出乎意外》，图文并茂地推介了江门市丰富的旅游资源和侨乡文化，不断扩大提高两市文旅知名度。二是共办旅游消费节。2022 年 8 月，两市文旅、商务部门联合在七台河市步行街举行"2022'中国避寒宜居地'江门恩平温泉嘉年华暨乐购恩平消费节走进七台河推介活动发布会"，推介恩平市文旅资源和消费产品，吸引了众多市民关注并前来咨询。此次活动使七台河市民对恩平市及江门市有了更直观深刻的了解。为下一步两市共同策划推广温泉游、海岛游、玩雪游、亲子游等活动奠定良好的基础。

7. 干部交流方面

按照中央、省委的统一部署，互派干部人才到对方挂职锻炼、轮训培训、"插班"学习，推动两市干部人才相互学习、相互借鉴，转变观念，提高工作水平。已安排七台河市干部代昱等 4 位同志到江门市跟岗锻炼，江门市派驻工作组 5 位同志也已于 2022 年 7 月22 日进驻七台河市参与园区共建。

二、2023 年对口合作工作计划

深入贯彻落实"十四五"期间两省对口合作安排，以共建园区为核心，2023 年两市将在经贸、农业、文旅、政务服务、干部人才、智力资源、科技等八个重点领域深化合作，推动双方对口合作走深、走实、走远，结出丰硕果实。

（一）巩固深化新一轮合作

根据两市对口合作座谈会任务清单，统筹推动工作落实落靠。做好下阶段两市政企代表团交流互访。组织好参加"中俄博览会""哈洽会""两国三地"高层会晤等重大活动，争取在更多领域签署合作协议。

（二）加强园区共建和运营经验借鉴

推动江河经济开发区与深哈产业园、江门高新区、鹤山工业城等园区联动协作，探索创新园区管理体制机制，做好相关上下游产业、关联企业承接布局。适时选派七台河市业务骨干在江门市及大湾区驻点招商和到相关园区进修学习。

（三）积极谋划对接产业项目

瞄准两市未来新兴产业发展方向，深入挖掘产业契合点，重点聚焦生物医药、数字经济、冰雪产业、新材料、新能源、双碳研发、粮食加工等产业合作，力争谋划签约一批对口合作项目，加速项目落地。

（四）深化行政管理体制改革

加强两市在加快转变政府职能、优化投资营商环境等方面的先进经验交流共享，深入推进"放管服"改革和数字政府建设，提升政府治理体系和治理能力现代化水平。

（五）深化产业合作共赢

依托已有产业基础，在产业链上下游整合和产需对接上加大合作力度，推动传统产业持续放大优势。鼓励两市企业在数字经济、生物经济、冰雪经济、创业设计、新能源、新材料等新兴产业领域开展合作。

（六）深化智慧农业和绿色食品合作

探索智慧农业合作，协同推动高端农业机械装备产业发展，提升农业机械自动化、智能化水平。深化特色农产品合作，推进粮食异地储备和畜牧产品产销对接，牵引带动乡村振兴。

（七）深化文化、旅游和大健康合作

开拓两市文旅交流新渠道，举办"侨乡"和"冠军"系列文旅交流活动，激活特色旅游资源，开发冰雪旅游、滨海旅游新线路，推动两市互为旅游客源地和目的地。加强两市在医疗卫生和防疫领域的合作，共同发展中医药、养老、健康等产业。

（八）深化科技和智力资源交流合作

加强两市围绕碳达峰、碳中和领域的关键技术联合攻关，加强产学研合作，促进科研合作和成果转化。引导两市高校、科研院所和中小学校等开展交流合作，创新教学模式，促进资源共享，共同搭建合作平台。

（九）开展协同招商

立足大湾区，进一步加强两市工商联、商会、行业协会等对接合作，促进投资信息互通、资源互享。主动融入"龙江丝路带"和"海上丝绸之路"，利用"哈洽会""中俄博览会""广交会"等大型会展平台，扩大招商引资成果。

（十）加强干部人才交流培训

推进两市干部和人才相互交流学习，促进干部和人才在不同环境中锻炼提高。搭建两市人才交流平台，在人员培训、人才共享等方面开展合作，引导两市人才合理流动。完善两市派驻干部工作机制。梳理总结互派干部工作，发现问题和短板，不断完善工作机制和沟通机制。"以点拓面"，让派驻工作发挥出最大成效，打造对口合作亮点。

（撰稿人：任智泓、汤瑞峰）

第十章 湛江市与绥化市对口合作

湛江市发展和改革局　绥化市发展和改革委员会

2022 年以来，湛江市和绥化市围绕两省对口合作工作部署，结合两市优势禀赋和发展实际，积极推动对口合作，各级部门认真谋划、主动作为，不断拓展合作领域，逐渐扩大合作成果，对口合作工作取得了一定成效。

一、2022 年对口合作工作进展及成效

（一）探索拓展深化对口合作领域

为推动湛江市与绥化市对口合作再上新台阶，两市深入贯彻落实中央和两省提出的新任务、新要求，积极加强对接，共同起草完善《黑龙江省绥化市与广东省湛江市深化对口合作协议》（以下简称《协议》）。结合双方各自发展优势，《协议》提出进一步在体制改革、招商引资、产业互补、农业领域、文化旅游、科技创新、人才交流等八个重点方向深化合作，并提出系列重点合作事项。

（二）积极开展干部挂职交流

根据两省对口合作机制和对口原则安排，绥化市选派干部到湛江市跟岗锻炼，时间为6 个月，每年一批，常态开展。2022 年 8 月，绥化市选派王行亮等 4 名同志分别到湛江市人民政府、湛江市民政局、湛江市发展和改革局、湛江市文化广电旅游体育局跟岗锻炼。

（三）农业合作日趋成熟

湛江市与绥化市充分发挥两市农业优势，整合有利资源，持续推进"稻—稻—薯"项目建设，努力打造成为两省农业合作的亮点工程。

一是2022年两省合作"稻—稻—薯"再次实现丰产丰收。2015年黑龙江省望奎县农民专业合作社联社团队开始在湛江市遂溪县开始规模化冬种马铃薯，成功地实现了北薯南种。近几年，在两市的共同推动下，北薯南种已经升级为旱坡地冬种马铃薯和"稻—稻—薯"两种模式，其中"稻—稻—薯"即利用湛江地区种植两茬水稻后的冬闲田种植马铃薯，实现一年三茬，大幅度提高水稻田的利用率和农民的收益。2022年湛江市"稻—稻—薯"种植面积达1600亩，比2021年增加320亩，主要分布在遂溪县。实施主体主要是湛江市粤良种业公司和绥化市龙薯现代农民专业合作社联社，经过多年的摸索，两家单位已形成良好的合作模式，由粤良种业负责两季水稻种植，龙薯合作社负责冬种马铃薯。

"稻—稻—薯"生产模式从2021年11月至2022年12月，其中两季水稻亩年均产量900公斤，每亩年产值3200元，每亩年生产利润1300元；冬种马铃薯亩年均产量2300公斤，订单价格2.3元/公斤，每亩年产值5290元，每亩年生产利润1500元，2022年度"稻—稻—薯"年生产利润2800元/亩，相比于两茬水稻亩增收1500元。

二是探索开展两市农产品电商合作。在绥化市在湛挂职干部的推动下，计划开展两市农产品电商合作，依托两市农产品电商企业和网红，推动在各自电商平台售卖对方优质农产品。湛江市已在徐闻县、遂溪县和廉江市筛选6家农产品电商企业，计划与绥化市2个县的电商合作。

三是积极开展交流研讨。2022年7月31日，绥化市举办以"粮头食尾""农头工尾"为主题的专场研讨活动，湛江市发展改革局、农业农村局等部门领导通过视频连线的方式，积极参与交流研讨，分享湛江市在推动农产品"12221"市场体系建设、打造"徐闻菠萝""遂溪香蕉""廉江荔枝""廉江红橙""吴川烤鱼"等一批农产品品牌方面的做法和经验。

（四）粮食合作进一步加强

开展"绥化好粮油"湛江专项营销活动。2022年6月21~22日，由绥化市粮食局主办、湛江市粮食和物资储备局协办的以"绥化好粮油湛江招亲"为题的专项营销活动在湛江市举行，16家来自绥化市的粮油企业通过展销、地推等活动形式，向湛江市民展示推介"绥化好粮油"及寒地黑土特色农产品。在专项营销推介会上，绥化市庆安、北林、海伦、绥棱等县（市、区）粮食局负责人携优质粮油企业代表与来自湛江市的重要粮油经销商、采购商等进行交流洽谈，绥化市县两级粮食局与湛江市县两级粮食和物资储备管理部门签订了战略合作协议，7家绥化市粮油企业与湛江市粮油采购商、经销商进行了合作签约。

（五）文化旅游合作持续推动

一是积极开展文化旅游活动交流。2022年受到新冠肺炎疫情影响以及交通方面的制约，湛江市与绥化市客源互送工作难度较大。为此，湛江市积极采取线上交流合作的方式，加强对接交流。2022年6月，积极参加广东省湛江市—黑龙江省绥化市—俄罗斯谢尔普霍夫市三方线上交流合作会议，深化粤龙俄"两国三地"友好交往与合作。

二是进一步推动市场互动、客源互送、资源共享。绥化市与湛江市旅游资源有较大的差异性和互补性，这为两市开展旅游合作奠定了基础。湛江市积极推动旅行社开辟休闲度假、季节性客源互送、乡村旅游等方面的精品线路，逐步推动互为客源地工作进程。联手共建独具南北特色的文化旅游活动品牌，不断密切合作关系，逐步扩大合作区域。充分利用微信公众号等平台宣传推广绥化市文化旅游资源特色，通过图文、视频等形式，展现绥化市不同地区的人文风光和旅游资源。

二、2023年对口合作工作思路

（一）加大产业项目合作力度

依托两市资源优势，强化项目谋划、产业招商。立足绥化市在玉米、大豆等作物种植方面的优势，推广湛江市小家电及农产品精深加工生产线，力争在产业合作上实现突破。

（二）促进民营经济合作交流

统筹组织两市民营企业互访考察，加强两市在推进民营经济发展以及企业先进的管理理念、营销理念、市场理念等方面的经验交流。研究探讨联合举办双创主题服务活动，促进两市双创服务机构、基地和企业对接，共同推动民营经济健康发展。

（三）拓宽两市旅游市场合作

继续深化文旅合作，策划两市旅游营销推广活动；联合举办"互换冬天""冰雪与大海"等对话活动，鼓励各自区域内的旅行社推介对方路线，积极推动互为客源地的进程。邀请绥化市来湛江市开展城市推介活动，推动信息共享，联合参加国内大型旅游推介会，互相借力，共同推进冬休旅游市场开发。

（四）进一步拓展科技创新合作

建立长期的科技合作机制，征集科研院所及企业与绥化市科技合作需求，集中梳理寻找两市合作契合点，高效精准对接绥化市科技创新资源。重点推动湛江市高校院所、企业与绥化市绿色有机农产品、食品加工制造等企业合作，开展应用技术开发和科技成果转化。进一步深入孵化合作。加快推进孵化器、众创空间等孵化载体间的交流合作，建立利益联结机制，合作共赢，不断提升两市科技企业孵化载体的孵化能力，为科技企业孵化载体注入活力。推动湛江市高校科研院所与绥化市企业同共建工程技术研究中心、新型研发机构等科技创新平台，通过建立合作、互动关系，提升研发能力，柔性引进高端创新人才，支持高校科研院所研发新技术。

（五）扩大农业粮食合作成果

建设农产品物流配送中转仓，实现寒地黑土优质农产品"北菜南销"，热带瓜果、海产品"南菜北运"；发挥两市农业部门职能作用，建立产销精准对接机制，实现农副产品购销的互通互补；开展两市绿色食品、有机食品基地生产合作；相互培育销区市场，加强农业科技人员的交流培训；继续推动异地代储对口项目合作。

（撰稿人：陈薇伊、闫洪瑞）

第十一章　茂名市与伊春市对口合作

茂名市发展和改革局　伊春市发展和改革委员会

2022 年，按照两省、两市对口合作工作部署，茂名市与伊春市对口合作扎实推进，相继制订《黑龙江省伊春市与广东省茂名市对口合作 2022 年工作要点》《黑龙江省伊春市与广东省茂名市新一轮对口合作框架协议（2022—2025 年）》《黑龙江省伊春市与广东省茂名市"十四五"对口合作实施方案》，对口合作工作取得阶段性成效。

一、2022 年对口合作工作情况

（一）交流互动持续深化

2022 年 6 月，伊春市市长董文琴率伊春市政府代表团到茂名市开展对口城市合作交流，通过看生态、走乡村、进企业，进一步加深对茂名市的认识与了解，促进双方合作交流发展。

（二）产业合作进一步加强

2022 年 6 月，两市举办"伊春·茂名对口合作重点产业项目推介洽谈会"，两市企业分别签署地方特色产品战略合作、亿华森林康养项目合作、药品销售战略合作框架协议。截至 2022 年底，茂名市壹坊农业有限公司与伊春市北货郎森林食品有限公司合作，累计销售伊春市农产品金额约 293 万元；茂名市金信米业有限公司与伊春市金海粮米业有限公司合作，累计购进大米约 6.2 万吨，金额约 5 亿元。广东绿恒制药有限公司持续深化与黑龙江九峰山养心谷有限公司合作，2022 年在伊春林下种植了 10 万亩中药材刺五加，并已完成采收 2019 年种植的桔梗约 5 万公斤。建成了 SC 食品生产线，加工雪莲果、桦树原浆，已累计完成投资 1009 万元。

（三）经贸合作成效明显

2022 年 6 月，两市举办"茂名—伊春特色产品展销活动"，两市共有 26 家重点企业近 70 种商品参与展销，现场销售近 15 万元。2022 年 2 月，茂名金信米业有限公司和伊春金海粮米业有限公司再次签署购销协议，签订协议金额 2.5 亿元。2022 年 1 月，两市联合举办"2022 伊春—茂名网上年货节及特色产品线上展销活动启动仪式暨经贸投资推介活动"，带动两市特色产品网络销售订单超过 43 万单，销售额突破 1300 万元。茂名现代农业展示中心设置了伊春市农产品展示专区，平台播放伊春市农业产业宣传片，推广伊春市农产品品牌。伊春北货郎联合忠芝公司、特瑞公司、伊蜜公司组织 54 款产品进入茂名市明湖超市建立了"伊春产品专区"，同时参与茂名消费券换购活动，达成销售额近 50万元，线上通过电商平台——茂名云集达成销售额 46 万元。推动伊春市优质林特产品通过明湖商超与茂名市人民医院、茂名市总工会、茂石化等多家政府及事业单位达成合作。

（四）文旅交流进一步深入

持续打造"山海并'茂'·'伊'见倾心"旅游联合品牌，利用各类宣传渠道综合展示两市旅游形象。2022 年 5 月，茂名市在"520 我爱荔"旅游季暨茂名市第四届旅游博览会（线上）活动中设置"伊春旅游"等专题专栏，积极宣传伊春市精品旅游线路及产品。

（五）部门交流持续活跃

一是开展农业交流活动。2022 年 6 月 24～25 日，两市农业部门签订了两市农业合作框架协议，茂名市农业部门邀请伊春市农业部门到茂名市进一步开展农业合作交流活动，到化州、高州实地调研考察了茂名市部分农业企业生产建设情况。二是招商引资持续发力。两市招商部门还建立了"茂名—伊春招商工作交流群"，深化招商引资合作，分享了两市的重点产业、优势资源以及招商项目清单等招商信息，强化互动交流，逐步实现招商信息、资源共享。三是养老服务交流不断推进。2022 年 8 月，两市民政部门以视频会议形式签订养老框架协议，列出养老服务清单。引导两市养老机构开展互相学习、经验交流，鼓励养老机构深度合作。四是中医药交流有序开展。2022 年 6 月，茂名市中医药事业发展中心与伊春市北药服务中心一同前往化州市华逸中药饮片有限公司中药饮片厂、化州化橘红药材发展有限公司等企业实地考察，并就两市中医药产业合作进行了交流探讨。

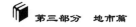

五是民间交流有突破。伊春市餐饮协会与茂名市食品行业协会就双方共建"中国烹饪大师工作室"达成了初步合作意向。

（六）营商环境交流切实增强

围绕营商环境评价指标体系，两市市级相关职能部门建立了工作交流群，并通过电话、钉钉、腾讯会议、电子邮箱等多种方式开展了工作对接，互传经验材料，系统学习借鉴。茂名市营商环境20个专班分别与伊春市相关职能部门召开了线上对接交流会。2022年3月，两市住房公积金管理中心签订了合作协议，实现两市住房公积金业务的异地互认、互通、互贷。

（七）人才交流日益密切

一是加强干部人才交流合作。2022年7月以来，黑龙江省伊春市1名副厅级干部、3名副处级干部、2名科级干部到茂名市进行跟岗锻炼。其中，1名副厅级干部、3名副处级干部分别到茂名市人民政府、市商务局、市工信局、市住建局进行跟岗锻炼，2名科级干部到茂南区发改局、工商务局进行跟岗锻炼。二是加强两市结对高校的交流合作。茂名职业技术学院与伊春职业学院2022年2次通过线上会议方式召开联席会议，进行线上经验交流互动，研讨双方开展合作办学和共同培养人才的方式。茂名农林科技职业学院与伊春林业学校加强电子商务专业、园林专业合作共建。伊春林业学校通过直播带货推广了茂名农林科技职业学院合作企业生产的荔枝、龙眼、三华李、沉香等农产品。

（八）县区结对交流取得进展

茂名市5个县（区、市）与伊春市10个县（区、市）已建立结对合作关系。2022年6月，在伊春市丰林县、友好区与茂名市电白区签订了战略合作框架协议，伊美区、大箐山县与化州市签订了战略合作框架协议的基础上，伊春市嘉荫县与高州市签订战略合作框架协议。2022年8月，伊春市友好区委书记带领考察团到电白区开展对口城市合作交流，详细了解电白区在建筑产业发展、企业生产经营、产业发展前景、优势产业转型升级方面的情况，在招商引资、项目对接方面达成初步合作意向。

（九）对外合作取得突破

2022年9月，茂名市与黑龙江省伊春市、俄罗斯犹太自治州比罗比詹市举行三方市长视频会谈，三市在友好的气氛中共叙友谊、共话发展。

二、2023 年对口合作工作思路

（一）优势互补，加深产业合作

一是产业平台合作。两市工信和商务部门共同牵头，探索建立茂名市省级园区与伊春市省级经济开发区结对合作关系。二是经贸合作。依托两市经贸交流平台，围绕两市现有的优势产业，积极探索联合开展线上或线下的招商引资推介活动，促进两市企业交流、考察、合作。三是农业合作。继续推进农业区域合作交流。加大推进茂名市与伊春市的农业合作力度，拓宽两市优质农副产品的产销对接渠道，促进北货南下和南货北上。全面推介两市特色农业产业，提高影响力，通过创建现代农业产业园等项目平台进行招商引资。四是旅游合作。多渠道加强两市文旅交流活动，积极参加广东省文化和旅游厅组织的"寒来暑往，南来北往"旅游系列活动。加强两市文旅线上线下的宣传推广。组织茂名市 A 级景区、主要文旅企业负责人前往伊春市实地考察交流，推动两市文旅企业的项目合作。利用茂名市大力发展文旅康养度假机遇，探索发展避寒康养旅游项目，打造茂名"冬都"城市形象，吸引伊春市民来茂康养旅游。五是中医药合作。加强中医药领域交流合作，积极推动两市有关中医医疗单位开展学术交流，鼓励和支持伊春市中医医院（二级甲等）与茂名市当地的三级甲等中医医院开展实地交流学习和研讨。茂名市要力争促成化州市华逸中药饮片有限公司中药饮片厂、化州化橘红药材发展有限公司和广东正韩药业股份有限公司等医药企业前往伊春市实地考察。六是养老健康服务合作。积极引导两市社会组织、养老机构参与双方的养老服务市场，通过床位资助、用水用电、税收及行政性管理收费减免等方式给予扶持优惠，推动候鸟式养老产业发展，满足老年人多元化养老服务需求。

（二）互鉴经验，推进体制机制创新

围绕营商环境评价指标体系，深度开展对接交流活动，互学互鉴、取长补短，全面提升两市优化营商环境的质效。深化两市住房公积金业务合作。

（三）深化交流，促进合作共赢

一是完善对口合作机制。根据合作需求，两市及时调整对口合作领导小组成员单位，强化两市对口合作统筹协调。探索建立部门、县区之间的对接互访机制，推动部门、县区加强沟通，更加精准地推动对口合作工作落实。二是探索搭建企业沟通对接平台。发挥两市工商联桥梁纽带作用，探索搭建企业沟通对接平台，引导两地企业增进交流，促进合作。三是推动合作项目落地见效。推动已签订协议的企业加快落实合作项目，推动已开展合作的企业进一步拓展合作内容，推动尚未开展交流合作的部门尽快开展交流对接，加快推动一批合作事项落地见效。

（撰稿人：何郑溪、张琪）

第十二章　肇庆市与鸡西市对口合作

肇庆市发展和改革局　鸡西市发展和改革委员会

肇庆市与鸡西市开展对口合作工作，是贯彻落实党中央实施东北振兴战略和黑龙江省与广东省对口合作工作部署要求的重要组成部分，使命光荣、意义重大。2022 年，两市党委、政府认真谋划，积极主动开展对口合作工作，取得一定成效。

一、2022 年对口合作工作情况

（一）保持常态化、长效化的沟通交流

由于 2022 年受新冠肺炎疫情多点散发影响，两市实地考察和沟通有所减少。两市各部门充分应用微信、邮箱、视频会议等互联网工具进行交流，在基层管理体制改革、推进"数字政府"建设、政务服务能力提升、商事制度改革、社会信用体系建设等领域互通互学。

（二）加强产业项目合作

两市工业部门加强沟通交流，双方围绕新能源汽车电池等产业，研究推动鸡西市石墨加工企业与肇庆市新能源汽车生产企业开展对接，促进产业深度合作，相关工作正在推进中，2023 年计划组织两市相关企业进行考察调研。

（三）加强农副产品合作

一是积极探索两市供销社企业融合发展路径，实现两市社有企业"抱团"发展。肇庆市供销社积极组织下属企业与鸡西市供销社的相关企业、行业协会进行业务深入对接。二是推动鸡西市农副产品上线肇庆市"供销优农"线上平台，设立专馆；通过设立鸡西

市农副产品肇庆展销中心，推介销售当地特色农副产品，通过构建线上线下营销网络体系，进一步扩大了黑龙江省农产品销售渠道，促进更多的黑龙江省特色农副产品进入肇庆市乃至广东省市场。通过线上线下方式销售鸡西市香米、木耳、蜂蜜、鹿茸等当地农副产品130多款，月均销售额10余万元。

（四）促进粮食产销合作

一是建立合作机制。2022年6月22日，两市粮食局签订《粮食对口合作协议》，建立了两市粮食管理部门合作交流、定期会商和信息共享等机制。二是积极推动鸡西粮油产品走进肇庆。2022年6月22～23日，两市粮食部门在肇庆市举办了"鸡西好粮油进肇庆"恳谈会和以"青山绿水好稻米　健康粮油在鸡西"为主题的粮油产品展销推介活动。两地共8家粮食管理部门分别签订了对口合作协议，部分粮食企业签订了购销合同，达成10000吨稻谷和5000吨大米的采购意向。通过展销，进一步向肇庆广大市民宣传和展示了鸡西市的优质粮油产品，为鸡西好粮油走进肇庆打下良好基础。

（五）推进文化旅游体育合作

两市共同组织和参与各类文化旅游产业博览活动，推介优质文化旅游产品，促进两市文化旅游产业优势互补、共同繁荣。一是积极宣传鸡西市文旅资源。肇庆市在"多彩肇庆"政务新媒体对鸡西市的人文历史、旅游资源、旅游景点进行了全方位介绍，积极为鸡西市旅游进行宣传。二是积极邀请鸡西市参加广东省文旅活动。2022年7月26～29日，肇庆市邀请鸡西市在南京、宁波参与"多彩广佛肇、岭南真味道"广佛肇文旅推介会，共商发展大计，互推旅游线路产品。三是联合举办文旅推介会。2022年8月31日至9月2日，联合举办2022年中国澳门、肇庆、贺州、鸡西（珠海）文旅推介会，向粤港澳大湾区居民推介鸡西市和肇庆市旅游资源。四是进一步推动两市在文化、旅游、体育等领域互动合作。2022年9月3日，鸡西市文旅体部门到肇庆市开展文旅宣传推介及参加肇庆、鸡西文化体育旅游对口合作座谈会，两市就文化、旅游等交流活动进行全方位商谈，积极推动两市文旅协同发展。

（六）推动医疗卫生健康合作

两市卫生健康部门积极对接落实对口合作项目。双方签订了合作框架协议，主要内容包括加强特色优势专科建设和康养产业等方面的合作交流，定期开展学术交流、技术支持等工作。两市各有6家医疗卫生单位，分别与对方进行了对接，并初步拟订对口合作框架协议书和合作任务项。

（七）推进科技创新合作

一是成立了两市科技局对口合作协调工作小组，加快推进科技创新协同发展，建立科技交流合作机制，促进两市高校院所、特色产业等领域的合作交流，共建科技创新合作平台。二是联合制订了《肇庆市鸡西市科技协同创新推动转型升级实施方案》，推动两市科技领域资源共享，科技创新发展取得更大成就。三是在 2022 年 8 月举办的第十一届中国创新创业大赛（广东·肇庆赛区）暨肇庆市第七届"星湖杯"创新创业大赛设立鸡西分赛区，鸡西市共有 8 支参赛队伍进入决赛。

（八）推进干部交流和劳务合作

一是加强两市干部交流。2022 年 8 月至 2023 年 1 月，鸡西市安排 1 名副厅级、3 名副处级干部到肇庆市直部门及下辖的县、区挂职。二是制订政策，推动人才交流。出台《肇庆市保障企业用工十条措施》，促进鸡西市来肇人员就业创业。三是信息共享，促进劳务合作。肇庆市与鸡西市建立劳务协作关系，肇庆市向鸡西市提供岗位供给信息清单，鸡西市通过市、县、镇（街）、村（区）四级公共就业服务机构发布岗位信息。通过两市就业对接平台和招聘会，实施定向接收，有序组织劳务供给，为两市企业发展及人员务工提供保障。

（九）加强相互借鉴、互通互学

一是鸡西市向肇庆市学习企业开办"一网通办"经验做法；肇庆市向鸡西学习设立登记办事环节"审核合一"简化审批流程、产业项目工程建设审批制度改革经验，共促两市营商环境优化提升。二是借鉴鸡西市以"就近办、马上办、网上办、一次办、我帮办"为目标，依托"综合窗口"载体，推进基层便民服务平台建设，打通服务百姓"最后一公里"的做法，肇庆市加强政务服务体系创新，加快"跨域办、无感办、提醒办、智助办、掌上办、视频办"政务服务新模式创新改革，进一步提升公共服务均等化、普惠化、便捷化水平。

二、2023 年对口合作工作计划

按照国家和省安排部署，2023 年两市将推动交流合作向更高质量、更高水平发展，继续充分利用对口合作平台，进一步强化产业优势互补，提升产业合作水平，切实推动两

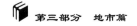

市合作取得实效。

（一）继续推动沟通联系常态化

协调两市已建立联系的对口单位继续保持沟通交流，实现信息共享、资源共享，推动对口合作更加深入。

（二）加强经贸交流合作

加强两市重大经贸活动信息、投资环境政策宣传共享，引导、推动国有企业、民营企业参与对口合作，为两市经济社会发展作出贡献。

（三）深化人才交流合作

继续推动两市干部挂职交流培训，组织教育、医疗等专业型人才短期挂职交流，组织开展专业型人才培训班等活动，提升两市工作人员的业务水平和服务质量。继续建立健全校企合作、劳务输送等长效劳务协作机制，为鸡西市务工人员到肇庆市就业提供持续稳定的平台和渠道，为两市解决技术院校学生就业和满足企业技术工人用工需求创造条件。

（四）推动合作项目落地见效

加强优势产业合作。突出两市在资源和产业发展等方面的互补性，发挥各自优势，推动鸡西市石墨加工企业与肇庆市新能源汽车电池等生产企业开展对接。加强农产品、粮食精深加工等方面的合作对接，探索建立粮食产销合作关系。发挥供销社系统的组织体系优势和经营网络优势，进一步推动鸡西市优质农产品进入大湾区市场。推动中药材合作，重点围绕中医药产业发展趋势、生物医药产业合作路径等进行广泛交流与合作。

（五）加强文化旅游体育合作

充分发挥两市旅游资源优势，开展"南来北往，寒来暑往"合作，互为旅游客源地和目的地，通过共同开发、共同宣传等多种方式，打造"肇庆—鸡西"特色旅游品牌。

（六）加强康养基地合作

构建"北飞康养，南飞过冬"康养模式，加快推进康养产业融合发展，打造候鸟式康养模式的深度合作，重点开发肇庆—鸡西夏季避暑康养、鸡西—肇庆冬季康养等产品。

（撰稿人：卢坤华、李嫱）

第十三章　揭阳市与大兴安岭地区对口合作

揭阳市发展和改革局　大兴安岭地区行政公署发展和改革委员会

2022 年，按照两省对口合作的统一部署，在两省省委、省政府的坚强领导下，揭阳市和大兴安岭地区积极克服新冠肺炎疫情影响，通过完善合作机制、推动商务合作、加强干部交流、促进民间交流，积极推动两地对口合作工作进展。

一、2022 年对口合作工作情况

（一）完善合作机制

一是制定框架协议。为巩固两地前期对口合作成果、推动下一步工作开展，在结合两地产业基础、资源禀赋、区位优势基础上，制定新一轮对口合作框架协议，提出两地将在行政管理体制改革、民营经济发展、产业合作共赢等 9 个方面开展战略合作，建立更紧密的合作关系，实现互利共赢、共同发展。二是落实工作要点。根据两地省委对口合作2022 年工作要点要求，结合现阶段对口合作工作实际，制定印发了两地对口合作 2022 年工作要点，在绿色食品、数字经济、冰雪经济、南北药合作、寒地测试产业等 10 个领域深化合作。三是制定"十四五"时期对口合作实施方案。为进一步深化两地对口合作，推动两地在构建"双循环"新发展格局中实现更高水平发展，两地共同制定对口合作"十四五"时期工作实施方案，于 2022 年 11 月 28 日印发实施。

（二）推动商务合作

一是搭建交流平台。大兴安岭地区企业北极珍品汇加入普宁市电子商务行业协会。

2022 年 7 月，大兴安岭地区商务局副局长张锐到揭阳市进行交流合作，双方就电子商务领域进行深入的交流，同时开展实地调研。二是做实合作项目。以创建国家级电子商务进农村综合示范项目为契机，在普宁市农村产品供应链展厅设立了大兴安岭地区产品展示专柜，提高大兴安岭地区的产品在揭阳市的知名度，为大兴安岭地区的产品提供了一个新的展示窗口。三是推介谋划产业项目。2022 年 7 月，大兴安岭地区来函推介招商项目 26 个，项目总投资 39.9 亿元。其中，生态旅游产业项目 7 个，项目总投资 14.6 亿元；林农产品开发项目 7 个，项目总投资 7.35 亿元；矿产开发产业项目 5 个，项目总投资 6.3 亿元；生物医药项目 3 个，项目总投资 6.1 亿元；物流仓储项目 2 个，项目总投资 4 亿元；电商经济项目 1 个，项目总投资 0.5 亿元。

（三）加强干部交流

2022 年 8 月 5 日，大兴安岭地区选派 1 名副地级干部和 3 名副处级干部以"跟岗学习"的形式到揭阳市对口部门开展交流学习，通过为期半年的挂职和学习，切实促进两地干部相互学习与经验交流，提升业务水平和综合服务能力。

（四）促进民间交流

揭阳市加大对连接两地的揭阳—哈尔滨—加格达奇航线的扶持，以更好促进南北合作、协调发展，推动两地旅游、文化产业的交流合作，实现合作共赢。

二、2023 年对口合作工作思路

根据两省省委、省政府统筹部署，下一步，揭阳市将携手大兴安岭地区，按照《大兴安岭行署与揭阳市对口合作实施方案》，沿着"潮人北上、北货南下"思路，在巩固前期成果基础上，重点抓好以下几方面工作：

（一）加强宣传推介

继续利用两地的旅游官网官微、主流媒体等，互相宣传对方旅游资源、地方文化、节事活动、美食小吃、特产手信等旅游全产业链情况，进一步加大宣传力度。

（二）开展文化旅游合作

召开两地旅游联席会议，加大旅行社的对接，促进资源互推、游客共享。探索建立促进两地互为客源地的"候鸟式生态康养新模式"，充分利用大兴安岭独特的旅游资源和闲置资产，引进广东战略投资者，培育候鸟式养老、森林康养等新业态，加快旅游康养产业融合发展。建立旅游"1+4+N"新体系，制定潮汕人群旅游新干线，打造"潮人北上"新模式。

（三）深化产业项目合作

一是继续开展电商合作。充分利用揭阳市作为国家电子商务示范城市和电子商务企业的运营、快递物流等方面优势，推动大兴安岭地区绿色食品"上网触电"，加快两地电商物流企业融合发展，打造"北货南下"快车道。二是深化经贸交流合作。双方加强考察交流，拓宽合作领域，力争2~3户绿色食品、中草药饮片等方面的揭阳市企业落户大兴安岭地区，开展经贸交流。

（撰稿人：罗震、郭丽）

第四部分　案例篇

第一章　坚持共谋共享
推动园区共建走深走实

广东省发展和改革委员会

　　产业园区是经济发展的重要引擎，是促进产业集聚、推进高新技术产业发展的重要平台，也是招商引资、扩大对外开放的主要载体。广东省与黑龙江省开展对口合作以来，始终把合作共建产业园区作为重要抓手，在园区规划、建设、运营、管理等方面开展全方位合作，与黑龙江省有关地市共建了深哈产业园（深圳—哈尔滨产业园）、七台河市江河园区（七台河—江门产业园）、佳中产业园（佳木斯—中山产业园）为代表的一批产业园区，在实现资源互补、利益共享等方面取得了一定实效。2022 年 6 月，时任全国人大常委会委员长栗战书视察深哈产业园时对产业园区合作共建做法给予高度评价。国家发展改革委在对口合作工作总结评估中将深哈产业园合作共建作为典型经验予以推广。

一、始终坚持高位推动，不断强化园区谋篇布局

　　两省、各地市主要领导高度重视合作共建产业园区工作，把园区合作共建作为重点工作予以研究部署，推动建立了主要领导牵头的组织领导工作机制。各地市主要负责同志积极开展高层互访和系列对接交流活动，在园区政策体系、发展方向、产业优势、招商引资等方面深入交流，高质量编制园区共建规划和实施方案。两省主要领导多次赴深哈产业园考察调研，广东省领导每次赴黑龙江省考察调研对口合作，都赴深哈产业园进行再调研、再谋划、再推动。黑龙江省委主要领导 4 次赴深哈产业园考察调研指导。深圳市与哈尔滨市把推动园区合作共建作为深哈对口合作的重中之重，广东省省长王伟中任深圳市委书记时，与哈尔滨市领导共同谋划推动，并 2 次赴深哈产业园考察调研，现场考察确定产业园

选址，出席开工奠基仪式。江门市和七台河市主要领导互访 2 次，中山市和佳木斯市主要领导会晤 4 次，共谋园区合作建设大计。

二、始终坚持政府引导，不断强化市场运作机制

积极发挥两地政府在共建园区中的引导带动作用，为产业园建设创造有利条件。深圳和哈尔滨两市联手争取国家东北振兴发展专项资金建设园区科创产业研发孵化项目、国家中西部和东北重点地区承接产业转移平台建设专项资金扶持园区基础设施建设。同时，坚持发挥市场在资源配置中的决定性作用，促进资本、人才、技术等要素合理流动，推动两地产业链上下游整合。深圳和哈尔滨两市联手引导社会资金投资 39 亿元组建园区投资开发公司，打造从创新创业、科创总部到智能制造的全生命周期产业链。中山市和佳木斯市国有企业正共同组建合资公司，共同建设、合作运营产业园区，并在合作期间采用利益共享、滚动发展机制。

三、始终坚持经验共享，不断强化园区建设质量

两省充分利用广东省技术、人才、资本、市场和黑龙江省资源、产业、空间等方面的比较优势，共同编制园区建设规划方案，实现信息互通、建设资源共享，为高标准推动园区建设提供良好基础。深哈产业园"带土移植"深圳市场观念、管理理念、政策环境和创新文化，成功复制深圳招投标评定分离、新型产业用地（M0）等 45 项政策，开创了黑龙江省史上第一例招投标"评定分离"和 M0 用地，形成了"飞地引入、园区复制、新区推广"的实践路径。江门市派驻工作组利用鹤山工业城、江海区高新技术企业等发展和运营经验，为园区运营发展模式提供建议。哈尔滨（龙岗）产业园引入广东运营管理团队，为企业提供从基础物业管理到高端科技金融的多层次、广覆盖的"链式孵化"服务。

四、始终坚持优势互补，不断强化园区发展特色

两省坚持"一园区一特色"，立足园区产业定位和功能布局，加强南北产业链双向联动与融合，重点打造特色优势产业集群。深哈产业园初步形成以新一代信息技术、新材料、智能制造以及现代服务业为主的"3+1"产业体系，着力搭建"哈尔滨大学大所+深哈产业园+深圳科技企业"的"1+1+1"产学研合作机制，数字经济类企业占比84%。东莞市和牡丹江市重点打造了牡莞智能家居产业园、穆棱市境外木业加工园、穆棱市国际林木加工产业转型升级示范区等一批国内国外合作园区，逐步形成了木材采伐、储运、加工、木制品半成品配件等产业链，每月木材回运量可达6列300多个标准箱。哈尔滨（龙岗）科技创新产业园着重打造"孵化培育"型园区，培育国家高新技术企业12家，拥有各类自主知识产权280余项。七台河市江河园区着重发展生物医药、化工、固废资源化利用项目，已升级为省级化工园区。

五、始终坚持人才优先，不断强化园区智力支撑

为促进人才优势资源向园区集中，始终围绕人才科技创新、干事创业、安居乐业进行全方位设计，认真落实人才引进、住房保障、企业服务等政策，为人才创新创业营造宜居宜业环境。深哈产业园建设1355套人才公寓，向符合条件的人才提供拎包免费入住服务，有序推进国际人才房、基础教育、三甲医院、人才公寓等建设。积极推进哈尔滨新区个人所得税率和人才认定改革，打造科技人才集聚的"网红点"，吸引各类人才超2000人。哈尔滨（龙岗）产业园设立房屋租金扶持、人才创业激励等方面优惠政策，汇聚各类创新创业人才1000余人，为园区发展提供了人才支撑。江门市顺应七台河市园区建设需求，从市相关部门和园区选派业务骨干，分期分批进驻七台河市，对派驻干部予以挂职锻炼待遇。第一期5名业务骨干已选派进驻七台河市，协助参与园区建设、招商引资等工作。

六、始终坚持借鉴创新，不断强化营商环境改善

坚持将优化营商环境作为共建园区的重中之重，利用黑龙江省在优化营商环境、完善市场法制体系方面取得的经验，积极对接广东省优质资源，采用"最多跑一次""办事不求人""对标对表营商环境评价指标"等措施，打造稳定、公平、透明、可预期的法治化营商环境，确保企业招得来、留得住。深哈产业园建立符合新区特点的"混合用地"标准，提高控详规划弹性，优化审批流程，推动园区运营公司1天完成注册、36天取得施工许可证。同时，对标深圳市负面清单做法，建立定制化的"园区政务服务中心"和"党群服务中心"，推进企业办事不出园区，为企业发展提供全要素服务保障。江门市协助七台河市开发投资地图小程序，创新企业招商模式，为企业招商引资提供便捷条件。通过大力改善和优化营商环境，企业投资吸引力显著增强。

第二章 依托"135"工程
开创高质高效农业新路

广东省农业农村厅

为认真贯彻习近平总书记关于"粮食安全"的重要论述精神，深入实施"藏粮于地、藏粮于技"、促进粮食生产可持续发展战略，借助粤黑对口合作"东风"，两省合作市县按照"政府搭台+企业唱戏+农户参与"工作思路，以实施"135"工程为依托，推动"传统粮食+新粮食"相结合，走出一条农田资源节约集约利用、粮食安全保障、农业高质高效的乡村产业兴旺新路子。

"135"工程是指，建设1个试验示范基地；打造3个运行机制，即南北高效合作新机制、订单式生产新机制、内外联动培训新机制；推进"5化"建设，即通过种植品种优质化、播收时间科学化、栽培技术标准化、生产全程机械化、产业体系智能化，建成全链条产业体系。

一、进展情况

为解决黑龙江省绥化市每年只能种植一季马铃薯、冬季大量农业资源闲置和广东省湛江市人均耕地少、农业机械化水平不高、旱田撂荒、水田冬季闲置等造成的耕地资源浪费等问题，粤黑两省围绕"提升粮食供给能力，助推乡村产业经济振兴"共同目标，推动遂溪县与望奎县深化合作，并在遂溪设立示范点，共同探索实践"稻—稻—薯"模式。该模式利用黑龙江省马铃薯种植从业人员多、经验丰富、机械化水平高的优势，以及湛江市农户晚稻收成后闲置的水稻田，把冬季马铃薯种植从"北薯南种"时期的旱坡地移至更适宜的水稻田，同一片土地实现"早造优质稻—晚造优质稻—冬造马铃薯"，一年三熟,激活了粮食供给潜力。目前,遂溪县已建成 800 亩"稻—稻—薯"现代农业示范基地,辐射带动当地农户主动种植"稻—稻—薯"面积约 2000 亩。

二、主要做法

(一)建设 1 个试验示范基地

探索"一年三造"模式。遂溪县与望奎县结对开展"北薯南种"取得成功后,两县继续以"薯"为媒,紧扣"建立 1 个新基地、形成 1 个新模式、带旺 1 个新产业"的目标导向,建设了"稻—稻—薯"试验示范基地,探索稻、薯轮番耕作新模式。一是变"旱坡"为"稻田"。把好项目可行"论证关",邀请专家团队充分研究稻、薯生长规律,结合气候、土壤、光照等自然条件广泛开展项目可行性研究论证。把好项目基地"选址关",瞄准"一宜二便一化",即土壤适宜种植、交通便利、取水方便、土地连片规模化,经多次优势比较选取城月镇石塘村已流转的 800 亩连片土地作为"稻—稻—薯"项目试验基地。二是变"冬闲"为"冬种"。以往遂溪县收成晚稻后,约 30 万亩适宜冬种马铃薯基地闲置。开展"稻—稻—薯"试验以来,把冬种马铃薯种植"战场"从旱坡地转移到水稻田,整合北方"猫冬"农民和机械设备、本地冬季闲置劳动力和冬季闲置稻田等冬季四"闲"资源,农户可通过参与马铃薯收成后的分拣、包装等环节实现增收,推进冬季劳动力和冬闲田对接,呈现出"冬季到、丰收忙"的田头火热现象。三是变"试验"为"示范"。经过三年的探索实践,基地"稻—稻—薯"种植技术日臻成熟,效益稳步提升,一造马铃薯产量远超两造水稻产量,"稻薯并收"使粮食供应保障更加有力。

(二)打造 3 个运行机制

打造共营运行机制,以共营促共赢。以 3 个高效机制结合为保障,通过深合作、建联盟、大培训,推动更多农业主体参与,培育壮大新型农业经营主体,实现多方共赢局面。一是打造南北高效合作新机制。"稻—稻—薯"模式在原有农业专业合作社基础上,引导本地的粤良种业、一亩田两家农业龙头企业"入群"形成粤黑合作 3 大联合体。新机制下,农民专业合作社、育种公司、互联网企业组成南北合作发展联盟,在育苗、种植、采收、销售、食品安全溯源等环节提供有效保障,"独角戏"变"大合唱"的合作机制运转更加高效顺畅。二是打造订单式生产新机制。由粤良种业公司牵头,组织种苗经销商、种植大户、加工企业、农产品经销商创建"稻—稻—薯"订单生产"五位一体"发展联盟，建成体系完整、运行高效的订单生产新模式。特别是马铃薯直供北京、广州、武汉等市大型超市，薯条加工型的马铃薯主要供于好丽友、百事等知名企业进行加工。三是打造内外联动培训新机制。启动"向外求学"行动计划，组织有关企业、技术人员、专家前往外地学习借鉴"稻—稻—薯"生产新技术、好经验。对内实行"传帮带"，开展"科技培训和科技指导服务"行动，带动更多企业、农户、专业户等深入了解"稻—稻—薯"生产模式，已开展现场观摩会 13 场，到场观摩人员达 1400 多人次。

（三）推进"5 化"建设

推进"5 化"建设，建成全链条产业体系。一是种植品种优质化。突出"早优高"，依托粤良种业公司的技术优势，通过充分研究、培育和试验，选取"南优占""南桂占""野香忧莉丝"等 14 个早熟、优质、高产稻谷新品种进行种植。突出"适高强"，对从东北引进的 5 个马铃薯新品种进行筛选试验，通过比对选择"荷兰 15 号"和"费乌瑞它"两个适种、高产、抗逆性强的马铃薯品种。二是播收时间科学化。结合稻薯生长期，把好"播收时间关"，实现"三造"时间无缝对接。特别是 2 月下旬抢收的马铃薯，错开高峰期，可比全国大部分地区提前半个月上市，具备价格优势。三是栽培技术标准化。组建"企业+高校+科研机构"为一体的"稻—稻—薯"高效生产模式专家指导团队，粤良种业公司联合华南农业大学、广东海洋大学、广东农科院，共同开展稻田冬种马铃薯标准化栽培技术研究。经研究集成，目前已形成"适时播种—精细整地—下足基肥—科学防控虫害"的优质水稻和冬种马铃薯高效栽培、绿色生产技术体系。四是生产全程机械化。从耕地到播种、从育秧到插秧、从病害防治到收割的全过程，均使用农业机械或无人机代替手工劳作，实现生产劳动强度降低、经营成本降低、生产工作效率提升的"两降一升"新成效。五是产业体系智能化。"稻—稻—薯"模式联合了农民合作社、种业公司和互联网公司，从当初的单纯种植贩卖，升级为融育种技术和互联网技术的完整产业体系，从种植端到销售端都有系统的考量和科学的规划。在基地建设了雷州半岛首个规模化 5G 农业基站，部署了 360 度高清摄像头、土壤和环境传感器等设备，及时对"稻—稻—薯"种植环境进行智能感知、智能预警、智能分析、智能决策，实现由过去传统的田头管理到现在网上监管的转变。依托一亩田平台，开发"薯稻通"微信小程序，创建种养知识讲堂、每日行情、市场行情、稻—稻—薯短视频等模块提供"稻—稻—薯"生产技术咨询指导以及农产品市场信息发布、市场交易等信息。

第三章　共建职教联盟
推进职业教育高质量发展

广东省教育厅

为进一步协同推进广东、黑龙江两省职业教育高质量发展，省教育厅组织推动成立由广东省和黑龙江省19所职业院校（广东省10所、黑龙江省9所）组成的龙粤职业教育协同发展联盟，构建政府、职业院校、行业企业、研究机构和其他社会力量广泛参与的多层次、宽范围、广领域的职业教育合作体系，构建技术技能人才联合培养机制，共建两省职业教育高水平专业（群），共育人才，共营教学竞赛环境，共享优质科研资源，共提学校治理水平。

一、扩大合作范围，由点到面推动龙粤职业教育高质量发展

在广东科学技术职业学院与黑龙江旅游职业技术学院对口帮扶卓有成效的基础上成立龙粤职教联盟，标志着广东省与黑龙江省的职业教育对口协作由点扩大到面，合作范围进一步扩大，合作程度进一步加深。2018年，广东科学技术职业学院与黑龙江旅游职业技术学院正式确立全面对口帮扶合作关系，此后在专业建设、人才培养、科研服务、就业创业等方面开展深入合作，成效显著。为进一步加强广东与黑龙江两省职业教育交流合作，更好地服务于粤港澳大湾区建设和东北振兴战略，2021年12月23日，龙粤职教联盟正式成立，这标志着龙粤职教合作掀开新篇章，龙粤合作再上新台阶、再结新硕果。联盟成立以来，两省19所职业院校在合作的体制机制上创新发展、专业建设上协同共振、产教融合上资源共享，充分发挥群体优势，打造职业教育新品牌，共同开创职业教育合作的新

篇章，更好地服务国家战略和地方经济社会发展。

二、创新人才培养模式，联合培养高素质技术技能人才

联盟各结对院校积极探索人才培养新路径，不断创新人才培养模式，充分发挥两省资源优势，联合培养高素质技术技能人才。广东科学技术职业学院与黑龙江旅游职业技术学院举办的职教实验班已招生培养三届学子，共招收527人。东西协作职教实验班是实施职业教育扶贫攻坚、结对帮扶的一项重要的创新行动，进一步盘活、优化了两校优质职业教育资源配置，以教育带动人才培养水平提升，促进产业发展，开启了两校职业教育寒来暑往、优势互补、协同发展的新征程。其中，空乘专业实验班招生培养两届学子，共招收52人，针对空乘实验班学生特点，创设融价值引领、知识传授、能力培养、人格塑造为一体的"1+1+0.5+0.5"（即龙旅1年+广科在校1年+企业项目班、订单班1学期+顶岗实习1学期）育人模式，不断夯实学生专业理论功底、强化实操技能，鼓励学生成为"一专多能"的"多面手"。广东工程职业技术学院与黑龙江建筑职业技术学院合作联动，以双方的互补性为切入点，针对行业需求，在智能建造、土木建筑领域发挥两校资源优势和产业优势，共育人才，以技能竞赛促进学生专业技能提升。广州番禺职业技术学院与黑龙江建筑职业技术学院就优势专业人才培养方案共研共享，既凝练了两校人才培养特色，又契合行业发展需要，为学生成长为"大国工匠"做好铺垫。

三、创新合作模式，探索线上交流新路径

2022年，两省职业院校实地交流、互访因新冠肺炎疫情难以开展，但交流合作从未间断。联盟成员单位积极探索线上合作交流路径，既保证了院校间在人才培养、教师队伍建设、科研与社会服务、基地建设等方面的合作持续不间断，又为两省职业教育协同发展提供了新经验、新范例。广东科学技术职业学院与黑龙江旅游职业技术学院、广东农工商职业技术学校与黑龙江农业工程职业学校、顺德职业技术学院与黑龙江职业学院、顺德职业技术学院与黑龙江双鸭山职教集团等结对院校定期开展线上工作会议，就具体工作落实情况和下一步工作安排进行对接。顺德职业技术学院以网络培训的方式，突破时间和空间

的限制，从教师素质能力提升、职业技能等级认证、教学竞赛备赛、教研教改项目申报、先进教学法等师资培训内容上推进与黑龙江职业学院、黑龙江双鸭山职教集团骨干教师的联合培养，提升师资队伍建设水平。广东农工商职业技术学校与黑龙江农业工程职业学校搭建线上专业交流平台，组织优势专业教师互学互促，利用"1+X邮轮运营服务实训中心"软件平台，为师生制作考证题库和提供复习课程资源，利用视频直播展示综合实训中心的建设成果，共享课程资源。

第四章　对接重大战略
打造合作共建示范窗口

深圳市乡村振兴和协作交流局

为贯彻落实习近平总书记关于"要以东北地区与东部地区对口合作为依托,深入推进东北振兴与京津冀协同发展、长江经济带发展、粤港澳大湾区建设等国家重大战略的对接和交流合作"的重要指示精神,按照党中央、国务院有关工作部署,深圳市与哈尔滨市共同谋划、精准对接、务实推进,在体制机制、产业合作、科技创新、搭建平台等方面均取得突出成效,为扎实推进东北振兴与粤港澳大湾区建设、中国特色社会主义先行示范区建设等重大战略对接合作,更好服务全国发展大局贡献"深哈"力量。

一、深化改革创新,学好用活"深圳经验"

深圳市充分发挥中国特色社会主义先行示范区的辐射带动作用,持续输出"深圳智慧""深圳经验",为哈尔滨市高质量发展提供标准、政策、体制机制参考。哈尔滨市坚持"能复制皆复制,宜创新皆创新",带土移植、离土移植深圳政策125项,推动"深圳经验"转化为"哈尔滨实践"。借鉴"放管服"经验方面,制定实施了《关于开展强区放权改革工作实施方案》《复制深圳经验在哈市工程建设招标投标领域开展"评定分离"改革试点工作的指导意见》等系列"放管服"改革配套文件。在产业发展经验借鉴方面,出台了《关于加快构建现代化产业体系的意见》《关于加快推动哈尔滨市制造业高质量发展实现工业强市若干政策措施的通知》等。在开放平台建设经验借鉴方面,聘请深圳前海创新研究院为哈市"三区一港"发展提供智力服务,助力哈尔滨市出台《自贸区哈尔滨片区(新区)、哈尔滨综合保税区、哈尔滨临空经济区、哈尔滨内陆港联动发展方案》等。

二、强化优势互补，共建共享优质资源

按照"政府引导、企业主体、市场运作、合作共赢"原则，围绕重点项目建设，推动深圳市技术、人才、资本、品牌、市场优势与哈尔滨市资源、产业、空间优势有机结合，不断拓宽合作领域，增强合作实效。一是深化经贸互动和交流合作，两市联手举办世界经济特区发展论坛、"深圳·哈尔滨对口合作经贸洽谈推介会"，组织企业赴对方城市参加深圳"高交会"、深圳"文博会"、"中俄博览会"、哈尔滨寒地博览会、哈尔滨国际装备制造业博览会等各类展会，助力深圳市企业快速打通对接俄罗斯、东北亚等国际市场的通道，推动哈尔滨市企业高效对接粤港澳大湾区资源平台，加快融入全球经济的产业链、供应链和价值链。二是推动科教资源开放共享，深圳市积极对接哈尔滨市科研机构、技术人才资源，共邀请 56 名哈尔滨市技术专家加入深圳市科创委评审专家库，累计对689 个科技项目开展线上评审。发挥南方创投网和中国深圳创新创业大赛等平台作用，通过组织黑龙江项目专场路演、举办中国深圳创新创业大赛哈尔滨高校预选赛等形式，挖掘哈尔滨市优质科创项目，并以市场化合作方式鼓励引导深圳市优质创投赋能哈尔滨市高新技术成果转化，为哈尔滨市高新技术企业发展提供科技金融支持，输送先进管理机制及投资经验，助力哈尔滨市产业转型升级。大力支持哈尔滨工业大学（深圳）校区建设和发展，在人才培养、科技创新、产学研融合等方面持续深化市校合作。哈尔滨市先后向深圳市输送优秀中小学教师 50 余人、医生近百人，哈工大（深圳）毕业生先后在深圳市创办企业百余家。三是支持哈尔滨市重点领域建设，引导深圳各类市场主体按照市场化原则深度参与哈尔滨市建设发展，并进一步拓展周边市场。深圳市投控公司、能源集团、巴士集团、特区建发集团、深创投集团、深高速 6 家市属国有企业在哈尔滨市有投资项目或投资意向，涉及项目 9 个，总投资额约 171.23 亿元，涵盖公用事业、金融、基础设施、产业园区、固废处理、新能源等领域。华为与哈尔滨市政府签署深化战略合作协议和区域总部投资协议，鲲鹏生态创新中心、鸿蒙生态系统一期工程已投入使用。中兴通讯与哈工投集团签署战略合作协议，共同推动 5G、云计算、人工智能等方面的深度融合。

三、优化产业规划，打造战略对接平台

　　深圳（哈尔滨）产业园叠加国家级新区、自贸试验区、深哈对口合作三大战略，规划伊始，即对标世界一流园区，聘请国际国内一流团队完成了园区空间规划、城市设计、市政交通、产业招商、政策体系及运营管理等全流程综合规划的编制。经过三年的建设发展，深哈产业园土地整备、设施建设、制度创新等工作进展迅速，园区科技和产业资源承载力得到显著增强，为新时期推进两市现代产业合作发展提供了良好的软硬件基础设施条件。为进一步推动深圳市乃至粤港澳大湾区的创新技术、市场机制、改革理念、资本要素等向哈尔滨市高效聚集，促进深圳"20+8"产业集群与哈尔滨"4+4"产业体系协同发展，按照深哈对口合作第七次联席会议关于"进一步优化深哈产业园产业规划"的指示精神，两市密切对接，反复研究，于2022年10月协调深圳国家高技术产业创新中心初步编制了《深圳（哈尔滨）产业园区现代产业发展规划（2022—2030年）》（以下简称《规划》）。《规划》以发展新兴产业为首要任务，以增强创新能力为根本途径，以优化营商环境为改革基础，强化筑巢引凤、招商引资、聚才引智、育品引客"四引"和产业联链、创新联动、资源联合、市场联通、体制联结"五联"，探索跨区域产学研用合作新模式，力争将园区打造成为东北振兴与粤港澳大湾区、深圳中国特色社会主义先行示范区建设同频共振的示范窗口。

第五章　强化干部人才交流
促进深哈全面合作结硕果

深圳市乡村振兴和协作交流局

深圳市与哈尔滨市始终把推进干部人才交流合作作为促进两市共享发展理念、全面深化合作的重要抓手，有针对性地组织开展干部人才挂职交流和业务培训，最大限度挖掘干部人才潜能，更新思想观念，增强改革意识，提升发展能力，为两市高质量发展提供坚强组织保障和人才支撑。

一、"走出去"交流求实效

两市密切沟通对接，就选派干部学习交流的范围、方式、时间等进行认真研究，逐一对接规划，共同做好选派干部挂职交流、跟岗学习、集中培训等工作。一是精准选派。哈尔滨市立足"能直接拍板定事"，选优配强挂职交流干部，确保学成归来马上能干。先后组织两批市管干部20人到深圳市学习，其中，正局级"一把手"17人、副局级3人；先后选派市发改、国资、工信等市直部门、区、县（市）60余名干部赴深圳市对口部门开展为期2~3个月的挂职学习或跟岗学习；先后组织5批次共计250名处级干部和市属国企管理人员赴深圳市进行为期一周的集中培训。深圳市先后选派两批8名干部到哈尔滨相关单位学习交流，并组织40余名企业家到哈尔滨工业大学参加非公有制经济人士综合素能培训班。二是按需配岗。深圳市聚焦哈尔滨市干部关于转变思想观念、构建新型政商关系、提升驾驭市场经济能力、深化"放管服"改革等方面的学习需求，结合干部培养使用方向，确定挂职方向和挂职岗位。哈尔滨市两批市管干部分别在深圳市市委政研室、市发展改革委、市科创委、前海管理局等单位及各区委相应岗位挂职，有关市直部门、区、县（市）干部在深圳市对口部门挂职，确保每一名交流干部都有明确分工，都负责具体业务，都能学本领、干实事。三是系统学习。创新提出"531"行动计划（即带着工作实际问题来学，实现五点收获、三个措施、一个落实），为哈尔滨市来深交流干部量身定制内容丰富、形式灵活的学习交流方案。跟岗学习方面，哈尔滨市干部围绕项目审批、国企改革、优化营商环境、服务企业发展等方面的具体业务，在行政服务大厅开展集中体验式跟岗学习，在相关部门开展专项跟岗学习，并前往重点企业、行业协会和园区调研交流，"面对面"学习深圳市的先进经验和做法。集中培训方面，深圳市委托专业培训机构，围绕"哈尔滨市领导干部改革创新能力提升""优化营商环境与服务型政府建设""哈尔滨市国有企业改革创新"等专题，采取现场教学、专题讲座、主题研讨、实地调研等形式为哈尔滨市干部进行集中授课。四是跟踪问效。哈尔滨市加强对市直各部门对口跟岗学习、区县（市）交流学习、集中培训个人学习成效的评估考核，重点考核学习深圳新理念、做好深圳体制机制和政策"带土移植"、抓好重大产业项目合作等方面的举措和成效，确保每一位干部动能够带着问题去，带着学习成果回。

二、"学回来"实践促合作

两市依托干部交流学习机制，以干部人才交流"软合作"推动多领域"硬合作"，取得一批丰硕成果。一是加快推进体制机制改革创新。在两市交流干部的推动下，更多的深圳理念、深圳机制、深圳模式在哈尔滨市落地见效。第一批赴深挂职交流的哈尔滨市管干部形成《关于深圳市强区放权改革的调研报告》，被哈尔滨市编委办采纳吸收，在全市推行了"强区放权"改革，下放162项事权清单，重构市区职权配置。哈尔滨新区学习深圳招投标评定分离经验并在深圳（哈尔滨）产业园试行，已全市推广使用。哈尔滨市营商环境局借鉴深圳市"最多跑一次"政务服务经验，制定了《哈尔滨市"最多跑一次"改革实施方案》，推进"一网、一门、一次"改革，并在区、县（市）政务服务工作中推广。二是高效促成合作项目落地转化。在深挂职交流期间，哈尔滨市领导干部立足"当好窗口、搭好平台、系牢纽带"的使命，以把握着力点、找准突破口、寻求融合度为主要任务，积极对接深圳市产业资源，成功推动华为、正威、宝能、平安等一批深圳市企业落户哈尔滨市。三是全面推动市场共建、资源共享。借助干部交流培训机制，两市进一步加强信息互通，挖掘合作增量。农业和绿色食品领域，在哈尔滨市挂职干部的推动下，哈尔滨市相关区、县（市）参加深圳国际现代绿色农业博览会，并在深圳市召开哈尔滨优质农产品推介会，推动两市农业领域深化合作。文化旅游领域，在两市互派干部的推动下，推出深圳市民可在哈尔滨市景区享受与本地居民同等优惠等政策，推动两市交响乐团多次在两市以线上、线下方式联袂演出。健康服务领域，哈尔滨市挂职干部与深圳中兴公司密切对接，推动哈尔滨市与中兴网信共建健康医疗云项目落地。

第六章　做好对接服务
助力载体平台建设显实效

东莞市发展和改革局

自牡丹江市与东莞市确立对口合作关系以来，两市始终把合作载体平台建设作为对口合作工作的重点，依托两市资源优势和产业现状，本着实现"合作共享，共建双赢"的原则，科学规划，主动对接，完善配套，提升服务，国内国外同时开展，两市合作载体平台建设取得了显著成效。

一、提升认识，全力推进平台规划建设

合作园区建设是两市对口合作工作重点，在开展合作之初就提出双方共同推进合作共建产业园区，两市高层历次会晤时，主要领导都提出探索建设产业园区事宜。牡丹江市领导亲自带队考察佛山市相关园区，与万洋集团、天安数码城等企业对接，探讨"两地三方"合作，引入"众创"企业等多个合作模式。东莞市相应镇街与牡丹江市各县（市）区充分利用结对合作关系，依托现有园区载体平台资源辟建合作园区，加大上门招引工作力度，推动各自所辖载体平台不断加快规划建设步伐。

（一）已投入使用的载体平台

依托东莞市企业技术市场优势和牡丹江市对俄区位优势，围绕强化产业补链、强链、扩链，降低生产成本和共同开发国内国际市场，充分利用牡丹江市的境内外资源和产业基础，推动东莞市企业开辟俄罗斯市场，实现生产前移和产业转移，共同建设了国内国外合作载体平台。

1. 穆棱市境外木业加工园区

穆棱市下诺夫哥罗德州境外木业加工园区由东莞市长宏木业有限公司投资建设。该项目位于俄罗斯下诺夫哥罗德州，园区拥有森林资源超过 4.5 万公顷，可建设面积 2 平方千米，具有森林资源开发、采伐、加工、运输、销售全产业价值链的商业运营能力，园区占地 2 平方千米，计划总投资 3 亿元，已完成投资 5000 万元。建有自动线板材车间、锯材车间、木颗粒加工车间、胶合板生产车间、实木指接车间、旋切单板车间 6 栋，烘干窑 40 栋。其中，木材自动生产线两条、半自动生产线 5 条、附属配套机械 20 台。已通过中欧班列和多式联运的方式进行木材回运，回运量达每月 6 列 300 多个标准箱，年采伐体量达 20 万立方米。

2. 阳明区牡莞智能家居产业园

牡莞智能家居产业园由牡丹江浩玮智能家具有限公司（东莞）投资建设，该项目位于阳明区经济技术开发区，占地面积 7 万平方米，计划总投资 3.6 亿元，已完成投资 3.5 亿元。园区公路、供电、供水等配套已完成。一期项目总规划建设占地 3 万平方米，2022 年底前建成面积 2 万平方米的综合楼 1 栋、宿舍 1 栋、食堂 300 平方米、压贴车间 1 栋、柔性车间 1 栋、立体仓库 1 栋、智能家居体验中心 3000 平方米、智能产品交易中心 2000 平方米。

（二）正在建设和规划中的载体平台

围绕加快牡丹江市传统优势产业的转型升级，持续扩大企业群体规模，通过引入高新技术企业加快牡丹江市新兴产业发展，同时积极学习东莞市在助力企业发展、优化投资环境和提升政务服务水平的先进经验，探索经验共享和制度移植，积极规划建设两个园区。

1. 穆棱市国际林木加工产业转型升级示范区（正在建设中）

国际林木加工产业转型升级示范区位于穆棱市经济技术开发区，占地 40 万平方米，分生产加工、生活保障、产品研发展示 3 个功能区，规划建设林木加工园、塑料产业园、科技孵化园、亚麻产业园和食品加工产业园。一期已完成建筑面积为 82527 平方米的 5 栋办公楼和 23 栋厂房的建设，并已交付使用。二期建筑面积为 34254 平方米的 3 栋办公楼和 8 栋厂房现已完成主体建设，建筑面积为 12675 平方米的 6 栋厂房已开工建设。

2. 开发区牡莞产业园（正在规划中）

为打造两市对口合作的标志性项目，牡丹江市提出在市高新技术开发区辟建"东莞牡丹江产业园区"，拟选址在牡丹江市开发区保税物流中心以南、火山锥郊野公园以西，规划面积 5 平方千米。采用东莞理念和模式，引进东莞管理团队，吸引东莞市企业入驻，合力开拓国内外市场。牡丹江开发区管委会专程派人多次前往哈尔滨深哈产业园学习园区共建经验。积极探索具体合作模式，已初步形成园区共建方案，对园区定位、合作模式、审批制度、管理制度、利益分享等方面作了具体设计安排，下一步两市将积极对接洽谈合作事宜。

二、科学定位，注重发挥平台特色优势

一是利用对俄区位优势，强化全产业链发展。穆棱国际林木加工产业转型升级示范区和绥芬河众家联木业集采平台，针对产业链上游，就地建厂建仓，降低原材料成本。牡莞智能家居产业园利用阳明区原有产业基础，开展深度加工，推动产业链下游延伸。二是利用境外资产优势，启动境外园区建设。穆棱境外木业加工园区和规划中的东宁东—波跨境工业园区依托在俄境内工业园区，吸引东莞市企业充分开发俄罗斯原材料资源，开展生产前移。三是利用当地资源优势，规划建设特色产业平台。围绕牡丹江市丰富的绿色农产品资源，结合东莞市茶山镇等镇街的食品加工产业优势，广东智谷联创等食品加工企业积极对接牡丹江市西安区和穆棱市，规划建设绿色食品产业合作园区。

三、加快招引，不断壮大平台企业群体规模

发挥示范作用，利用东莞长宏木业、众家联等已在牡丹江市发展企业的成功经验，鼓励支持企业"现身说法""以商招商"，吸引其上下游配套企业赴牡丹江市投资，通过上下游配套和市场细分，共同开拓国内国际市场。其中，穆棱市境外木业加工园区已入驻东莞市长宏木业有限公司、东莞市奥森德木业有限公司、山东立盟木材产业园有限公司、穆棱市鑫润木业有限公司、大连久和地板家具有限公司和穆棱市华盛木业有限公司6家企业。阳明区牡莞智能家居产业园已入驻牡丹江浩玮智能家具有限公司（东莞投资）、东莞名创家具有限公司、东莞华昌家具有限公司、香港壹家家具有限公司、东莞市沐盈家具有限公司、东莞市富登电子有限公司6家企业。正在建设中的穆棱市国际林木加工产业转型升级示范区已入驻子乔木业、华盛木业等东莞市企业，下一步将邀请东莞市瑞福祥家具、东莞市三发家具厂、东莞市汇雅家具集团、广东力美新材料、东莞市基烁实业、东莞市迦南家具、东莞市豪古家具、东莞诺博家具等企业进驻发展。

第七章　发挥比较优势
共建中佳产业园区展新篇

中山市发展和改革局

为深入贯彻落实党中央、国务院关于东北地区与东部地区部分省市对口合作部署要求，充分发挥合作平台载体带动作用，创新区域合作模式，加快建立起更加紧密、更深层次、更加务实的战略合作关系，2021年9月，中山和佳木斯两市政府决定按照"政府主导、市场运作、企业主体、社会参与、优势互补、合作共赢"的原则，充分发挥两市的比较优势，在佳木斯市合作共建中山佳木斯产业园区（以下简称中佳产业园区），为加快推动园区建设，2022年中山市与佳木斯市进行了多层次、多维度沟通对接，开展了一系列工作，取得了一定成效。

一、中佳产业园区共建情况

（一）成立筹建工作组，高位推进工作

2022年3月，市地政府联合下发通知，成立中佳产业园区筹建工作组，组长分别由中山市常务副市长叶红光与佳木斯市副市长马新辉担任，两市相关地区、部门为成员。筹建工作组办公室分别设在中山火炬高技术产业开发区管理委员会和佳木斯市高新技术产业开发区管理委员会。

（二）落实公司人员，研究制订方案

按照由两市国有企业共同组建合资公司，以合资公司为主体，按照市场化方式，推动

园区建设的合作意向，中山市研究确定由中山市火炬公有资产集团公司牵头与佳木斯市相关公司共同组建合资公司，共同建设运营园区，同时，为保证园区筹建工作顺利开展，指派公司 5 名相关人员开展前期筹建工作。2022 年 6 月，中山市组织相关人员赴佳木斯市实地考察并与佳木斯市筹建单位对接，对中佳产业园区选址及佳木斯市产业基础进行实地考察，就共建产业园规划选址、合作模式、公司发展规划、两市利益分成、阶段性工作目标、产业发展规划、土地整备等内容及相关问题进行对接交流，初步研究确定中佳产业园建设方案。

（三）开展深入交流，明确方向

2022 年以来，中山市公司筹建人员多次前往佳木斯市常驻并开展前期各项工作。与佳木斯市当地政府及相关部门、相关企业多次座谈交流研讨并进行实地走访调研，充分了解当地资源禀赋、区位优势、产业发展情况、企业生产成本、优惠政策等方面的情况，并就中佳产业园协议条款与当地政府进行协商，已就发展目标、合作模式、期限和选址范围、推进机制、重点合作方向等方面的内容与当地形成共识，为下一步园区建设打下了基础。

（四）凝聚共识，形成战略合作协议

为加快推进中佳产业园区建设，在凝聚两市共识的基础上，2022 年 9 月初，两市筹建工作组草拟了《中山市人民政府　佳木斯市人民政府合作共建中山佳木斯产业园区战略合作协议（送审稿）》分别报两市政府，待两市政府审定后签署。为充分保障各方权益，推动园区合作共赢，两市投资协议还在继续推动中。

二、共建中佳产业园区经验做法

（一）领导重视合力推动，是共建中佳产业园区的前提

自 2021 年两市政府决定合作共建中佳产业园区以来，两市政府领导多次会晤就产业园区建设事项进行沟通交流，并建立机制，合力推动产业园区落地。2021 年 9 月，中山市市长肖展欣在与佳木斯市委书记王秋实座谈时，双方就共建产业园区达成初步共识，计划按照以政府为主导、以市场为基础、以企业为主体的原则，在佳木斯市共建中佳合作产

业园区，对口合作实现新的突破。2021年10月，佳木斯市委书记王秋实再次与时任中山市委书记赖泽华、中山市市长肖展欣会见，就推动共建中佳产业园建设进行了深入的交流，双方进一步明确了共建中佳产业园的设想。中山市政府党组成员张会洋带队赴佳木斯市实地考察，两市政府形成会议纪要，明确提出按照"政府主导、市场运作、企业主体、社会参与、优势互补、合作共赢"的原则共建中佳产业园区。2022年3月，两市联合成立中佳产业园区筹建工作组，并成立筹建组办公室负责产业园区建设的统筹推进工作。2022年5月，佳木斯市市长丛丽与中山市市长肖展欣进行会谈，双方围绕加速推进中佳产业园区落地等方面进行深入交流。

（二）政府引导、市场运作，是共建中佳产业园区的原则

为充分发挥政府在社会主义市场经济体制优势，做好顶层设计，履行政府职能，积极发挥引导带动作用，为中佳产业园建设创造有利条件，充分发挥市场在资源配置中的决定性作用，促进资本、人才、技术等要素合理流动，通过政府引导和市场化运作促进产业转移，吸引项目、投资落户中佳产业园。双方决定由两市政府共同搭建合作平台，由两市国有企业共同组建合资公司，以合资公司为主体，按照市场化方式，推动园区建设，并在合作期间采用利益共享、税收分成、滚动发展机制。

（三）加强沟通相互理解，是共建中佳产业园区的基础

共同组建合资公司并以合资公司为主体的市场化运作必然会涉及两市政府、两市企业之间的利益，虽然暂时双方还未就出资方式、利益分成、双方的权利义务以及优惠政策等方面达成全面共识，但双方能够本着相互理解的态度，积极加强沟通，争取上级支持，向着全面达成共识的方向努力。同时，为保证合作共建中佳产业园区能够落地，双方在已有共识的基础上，加快形成《中山市人民政府　佳木斯市人民政府合作共建中山佳木斯产业园区战略合作协议（送审稿）》，分别报送当地政府。

（四）明确定位稳步推进，是共建中佳产业园区的步骤

为找准中佳产业园区产业定位，中山市在江南大学为佳木斯市编制的《佳木斯市绿色食品产业园建设方案》的大区域规划的基础上，组织广东省城乡规划设计研究院加紧编制中佳产业园区空间及产业规划。同时，根据筹建人员了解到的当地资源禀赋、区位、产业发展优势，按照双方的协商结果，初步确定园区合作围绕营商环境和政务环境优化、绿色食品加工产业、国际国内贸易、特色医药产业、包装配套产业、高端装备制造、混合所有制企业改革和科研成果市场化8个重点方向展开。

（五）坚持创新合作共赢，是共建中佳产业园区的目标

两市明确将以"坚持"创新、协调、绿色、开放、共享"为发展理念，以制度创新为核心，创新中佳产业园服务体制和运作模式，立足佳木斯市和中山市优势产业，促进产业协同发展、集群发展，全力构建营商环境优良、主导产业集聚、配套设施齐全、服务体系完善、运营管理高效的新型园区，打造两省对口合作产业示范区，努力使佳木斯市成为链接粤港澳大湾区、辐射东北亚的战略性新兴产业发展新高地。

第八章　深化江河园区共建
探索对口合作新模式

江门市发展和改革局

园区共建是广东和黑龙江两省对口合作的一项重点工作。2018年12月，江门市和七台河市签订合作共建江河园区协议，商定从争取政策支持、产业发展合作、共同招商合作、组建运营团队、加强人才交流五方面共同合作，推动江河园区高质量发展。近年来，两市积极贯彻落实协议，探索园区共建模式，推动江门园区建设成功经验向七台河"带土移植"。2021年，两市共同制定《江门市七台河市共建江河园区实施方案》，由江门市选派业务骨干组成前方工作组，与七台河市相关部门共组顾问团队，推动江河园区编制专项规划、建立政策体系、培训管理人才和建设运营、招商引资等工作。江河园区已成功晋级成为省级开发区，引进了联顺制药等多个项目。在2021年5月举办的"广东·黑龙江对口合作工作座谈会"上，时任广东省省长马兴瑞和时任广东省发展改革委主任葛长伟对两市共建园区工作表示肯定，江河园区所取得的成绩更被列入省发展改革委向国家提交的工作报告中，得到了国家层面的关注。

一、推动高层互访，会商共建大计

自从建立对口合作关系以来，两市市委、市政府主要领导多次率团考察对接，高层推动园区共建工作。2022年以来，更是克服新冠肺炎疫情带来的不利影响，实现互访，共商合作。2022年6月13~14日，七台河市委书记王文力带队来江门市考察调研，与江门市委书记陈岸明进行会面，商定立足既有基础，拓展合作空间，发挥比较优势，精准对接，在产业合作、园区共建等方面发力，高质量推动对口合作向纵深发展。2022年7月

21~22 日，江门市委副书记、市长吴晓晖率政企考察团回访七台河市，考察七台河市江河园区建设情况，与七台河市委副书记、市长李兵进行座谈，达成在深化园区共建、产业互补方面继续合作的共识，争取打造两省对口合作新样板。

二、细化共建任务，制定工作清单

根据园区共建协议，江门市细化共建任务，包括共享园区建设经验、派驻业务骨干、协助完善园区管理、搭建企业合作平台、寻求产业合作切入点等，并纳入两市对口合作工作清单，明确责任单位，督促市直相关部门、区县及派驻工作组有序推进园区共建领域继续开展合作。2021 年出台《2021—2022 年江门市和七台河市对口合作任务清单》，将园区共建任务纳入其中。江门市市长吴晓晖于 2022 年 7 月 22 日赴七台河市考察调研后，制定《晓晖同志赴七台河对接对口合作工作后续任务清单》，将"深化园区共建"的任务纳入其中，要求发挥好派驻工作组作用，在七台河市江河园区建设、管理、招商和运营等方面"嫁接""移植"江门市产业园区建设方面好的经验，创新园区建设模式，打造园区共建样板。

三、派驻驻点干部，推进经验共享

2022 年 2 月，根据两市对口合作工作清单安排和七台河市来函建议，江门市制定园区共建人员派驻方案，于 2022~2025 年在市直部门和有关园区选派业务骨干，分期分批进驻七台河市，派驻干部视同挂职锻炼待遇。第一批派驻人员已于 2022 年 7 月进驻七台河市开展工作，同时也是两省合作以来，广东省首支以长期派驻形式开展对口合作的干部人才队伍。派驻工作组深入调研，摸清情况，重点推进经验共享。一是就园区管理体制、路径选择等进行交流互动。2022 年 10 月 12 日，在七台河市经济开发区召开"江门·七台河园区建设运营研讨会"，派驻工作组作了"江门国家高新区建设运营机制之思考"为题的发言，介绍江门国家高新区发展历程、鹤山工业城发展和运营经验、江海区高新技术企业培育和发展经验，就七台河园区未来发展和运营模式路径进行交流探讨。二是在规范工业园区管理、提高园区开发建设效率方面进行经验分享。派驻工作组整理提供鹤山工业城管委会工程建设、财务管理、企业服务等制度、江门市高新区建立第三方服务机构项目库以及机构遴选方法、江门市政府支持银湖湾滨海新区加快发展实施方案及赋予其管委会市级行政审批和管理权限的做法等交七台河市方面研究。

四、强化招商合作，共享招商资源

一是共享驻深圳市招商硬件资源。通过协商，两市就利用江门市驻深圳市招商点联合招商达成共识。江门市投促中心与七台河市商务局已完成衔接，指定专人联系，在江门市驻深圳市招商点加挂七台河市招商标识、增设资料展位、开展咨询交流，下一步将联合举办招商活动。二是协助开发七台河市投资产业地图小程序。小程序具有方便用户、速度快捷、功能场景丰富、开发维护较易等特点，便于吸引投资者关注、拓宽招商途径。派驻工作组向七台河市推荐了江门市商臻誉科技公司，参照江门模式开发七台河投资地图小程序，减免编程调试费用。程序框架、菜单、图标与连接模式已经制作完成。

第五部分　政策篇

中共中央、国务院及部委的相关政策文件

表1　中共中央、国务院及部委的相关政策文件*

序号	文件名称	文号	发文时间	二维码
1	国务院关于同意建设黑龙江佳木斯国家农业高新技术产业示范区的批复	国函〔2022〕34号	2022年4月	
2	国务院关于同意哈尔滨、大庆、齐齐哈尔高新技术产业开发区建设国家自主创新示范区的批复	国函〔2022〕43号	2022年5月	
3	国务院关于印发广州南沙深化面向世界的粤港澳全面合作总体方案的通知	国发〔2022〕13号	2022年6月	

---

　*　此表所含文件均为2022年发布的政策文件，之前的文件见《黑龙江省广东省对口合作工作报告（2021）》。表2同。

广东省和黑龙江省的相关政策文件

表 2　广东省和黑龙江省的相关政策文件

序号	文件名称	文号	发文时间	二维码
1	广东省人民政府关于印发广东省推动服务贸易高质量发展行动计划（2021—2025年）的通知	粤府函〔2022〕3号	2022年1月	
2	广东省人民政府印发关于推进广东自贸试验区贸易投资便利化改革创新若干措施的通知	粤府函〔2022〕11号	2022年1月	
3	黑龙江省人民政府办公厅关于印发黑龙江省深化"放管服"改革服务"六稳""六保"着力培育和激发市场主体活力重点工作实施方案的通知	黑政办发〔2022〕1号	2022年1月	

序号	文件名称	文号	发文时间	二维码
4	广东省人民政府办公厅关于印发广东省数字政府改革建设2022年工作要点的通知	粤办函〔2022〕24号	2022年2月	
5	黑龙江省人民政府办公厅关于印发黑龙江省进一步推进科技创新发展若干措施的通知	黑政办规〔2022〕3号	2022年2月	
6	黑龙江省人民政府办公厅关于建设高水平出口消费品加工区的指导意见	黑政办发〔2022〕8号	2022年2月	
7	黑龙江省人民政府办公厅转发黑龙江省发展改革委关于推动生活性服务业补短板上水平提高人民生活品质行动计划的通知	黑政办函〔2022〕17号	2022年2月	
8	广东省人民政府办公厅关于印发《加快推进广东预制菜产业高质量发展十条措施》的通知	粤府办〔2022〕10号	2022年3月	

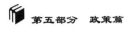

续表

序号	文件名称	文号	发文时间	二维码
9	广东省人民政府办公厅关于印发广东省促进工业经济平稳增长行动方案的通知	粤办函〔2022〕41号	2022年3月	
10	黑龙江省人民政府关于印发黑龙江省冰雪经济发展规划（2022—2030年）的通知	黑政发〔2022〕7号	2022年3月	
11	黑龙江省人民政府关于印发黑龙江省创意设计产业发展专项规划（2022—2030年）的通知	黑政发〔2022〕8号	2022年3月	
12	黑龙江省人民政府关于印发黑龙江省"十四五"数字经济发展规划的通知	黑政发〔2022〕9号	2022年3月	
13	黑龙江省人民政府关于印发黑龙江省"十四五"生物经济发展规划的通知	黑政发〔2022〕10号	2022年3月	

续表

序号	文件名称	文号	发文时间	二维码
14	黑龙江省人民政府办公厅关于印发黑龙江省支持对外贸易发展若干措施的通知	黑政办规〔2022〕6号	2022 年 3 月	
15	黑龙江省人民政府办公厅关于印发黑龙江省推动工业振兴若干政策措施的通知	黑政办规〔2022〕8号	2022 年 3 月	
16	黑龙江省人民政府办公厅关于印发黑龙江省鼓励总部经济发展若干政策措施的通知	黑政办规〔2022〕9号	2022 年 3 月	
17	黑龙江省人民政府办公厅关于印发黑龙江省支持冰雪经济发展若干政策措施的通知	黑政办规〔2022〕10号	2022 年 3 月	
18	黑龙江省人民政府办公厅关于印发黑龙江省支持创意设计产业发展若干政策措施的通知	黑政办规〔2022〕11号	2022 年 3 月	

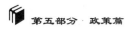

续表

序号	文件名称	文号	发文时间	二维码
19	黑龙江省人民政府办公厅关于印发黑龙江省支持数字经济加快发展若干政策措施的通知	黑政办规〔2022〕12号	2022年3月	
20	黑龙江省人民政府办公厅关于印发黑龙江省支持生物经济高质量发展若干政策措施的通知	黑政办规〔2022〕13号	2022年3月	
21	黑龙江省人民政府办公厅关于印发黑龙江省2022年巩固拓展脱贫攻坚成果同乡村振兴有效衔接工作责任分工方案的通知	黑政办发〔2022〕12号	2022年3月	
22	广东省人民政府办公厅关于印发广东省进一步促进消费若干措施的通知	粤府办〔2022〕11号	2022年4月	
23	黑龙江省人民政府关于进一步加快推进企业上市工作的意见	黑政规〔2022〕2号	2022年4月	

续表

序号	文件名称	文号	发文时间	二维码
24	广东省人民政府关于印发广东省贯彻落实国务院扎实稳住经济一揽子政策措施实施方案的通知	粤府〔2022〕51号	2022年5月	
25	黑龙江省人民政府关于印发贯彻落实国务院扎实稳住经济一揽子政策措施实施方案的通知	黑政规〔2022〕3号	2022年5月	
26	黑龙江省人民政府办公厅关于推进社会信用体系建设高质量发展促进形成新发展格局的实施意见	黑政办规〔2022〕17号	2022年5月	
27	黑龙江省人民政府办公厅关于印发黑龙江省促进台资企业发展服务措施的通知	黑政办规〔2022〕18号	2022年5月	
28	广东省人民政府办公厅关于印发广东省建设国家中医药综合改革示范区实施方案的通知	粤府办〔2022〕22号	2022年6月	

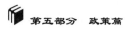

续表

序号	文件名称	文号	发文时间	二维码
29	广东省人民政府办公厅关于印发广东省发展绿色金融支持碳达峰行动实施方案的通知	粤办函〔2022〕219号	2022年6月	
30	广东省人民政府办公厅关于印发农业农村部广东省人民政府共同推进广东乡村振兴战略实施2022年度工作要点的通知	粤办函〔2022〕234号	2022年6月	
31	黑龙江省人民政府关于印发黑龙江省产业振兴行动计划（2022—2026年）的通知	黑政发〔2022〕15号	2022年6月	
32	黑龙江省人民政府办公厅关于印发黑龙江省科技成果产业化行动计划（2022—2025年）的通知	黑政办发〔2022〕27号	2022年6月	
33	黑龙江省人民政府关于加快推进政务服务标准化规范化便利化的实施意见	黑政发〔2022〕18号	2022年7月	

续表

序号	文件名称	文号	发文时间	二维码
34	广东省人民政府办公厅关于印发广东省促进老字号创新发展行动方案（2022—2025）的通知	粤办函〔2022〕268号	2022年8月	
35	广东省人民政府办公厅关于印发广东省进一步促进工业经济平稳增长若干措施的通知	粤办函〔2022〕270号	2022年8月	
36	广东省人民政府办公厅关于印发广东省加大力度持续促进消费若干措施的通知	粤办函〔2022〕274号	2022年8月	
37	黑龙江省人民政府办公厅关于印发支持哈大齐国家自主创新示范区建设若干政策措施的通知	黑政办发〔2022〕39号	2022年8月	
38	黑龙江省人民政府办公厅关于印发黑龙江省科技振兴行动计划（2022—2026年）的通知	黑政办发〔2022〕41号	2022年8月	

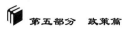

序号	文件名称	文号	发文时间	二维码
39	广东省人民政府办公厅关于印发广东省推进冷链物流高质量发展"十四五"实施方案的通知	粤府办〔2022〕28号	2022年9月	
40	黑龙江省人民政府关于加强数字政府建设的实施意见	黑政发〔2022〕23号	2022年9月	
41	黑龙江省人民政府办公厅印发关于支持佳木斯国家农业高新技术产业示范区建设若干政策措施的通知	黑政办规〔2022〕21号	2022年9月	
42	黑龙江省人民政府办公厅关于印发黑龙江省现代信息服务业振兴行动方案（2022—2026年）的通知	黑政办发〔2022〕50号	2022年9月	
43	广东省人民政府关于印发广东省加快推进政务服务标准化规范化便利化工作实施方案的通知	粤府函〔2022〕290号	2022年11月	

续表

序号	文件名称	文号	发文时间	二维码
44	黑龙江省人民政府办公厅印发黑龙江省关于进一步优化营商环境降低市场主体制度性交易成本工作方案的通知	黑政办发〔2022〕62号	2022年11月	
45	黑龙江省人民政府办公厅关于印发黑龙江省贯彻落实第十次全国深化"放管服"改革电视电话会议重点任务分工方案的通知	黑政办发〔2022〕63号	2022年11月	
46	黑龙江省人民政府办公厅关于深入推进"办好一件事"改革打造政务服务升级版的实施意见	黑政办发〔2022〕64号	2022年11月	
47	广东省人民政府办公厅关于印发广东省"十四五"旅游业发展规划实施方案的通知	粤府办〔2022〕41号	2022年12月	

第六部分　资料篇

广东省情概况（2022）

广东，简称"粤"，省会广州。地处亚热带，气候温暖，雨量充沛。面积 17.98 万平方千米，约占全国陆地面积的 1.87%；大陆海岸线长 4114 千米，约占全国海岸线总长的 1/5，海域面积 41.9 万平方千米。海岛 1963 个（含东沙岛）。内陆江河主要有珠江、韩江、漠阳江和鉴江等。设广州、深圳 2 个副省级市，19 个地级市，122 个县（市、区）。

历史源远流长。10 多万年前已有"曲江马坝人"生息繁衍。秦代，设南海郡；汉代，番禺是全国著名都会；唐代，广州开设"市舶司"，成为著名对外贸易港口；清代，佛山成为全国手工业中心和四大名镇之一。广东既是我国现代工业和民族工业的发源地之一，也是我国近代和现代许多重大事件的发生地和策源地。如鸦片战争、太平天国运动、辛亥革命、国共两党第一次合作、北伐战争、广州起义等，是杰出历史人物康有为、梁启超、孙中山、廖仲恺和中国共产党著名革命家彭湃、叶挺、叶剑英等的故乡。

岭南文化独特。2022 年末常住人口 1.27 亿，分属 56 个民族，汉族人口最多，占 98%，少数民族主要有壮族、瑶族、畲（shē）族、回族、满族等。汉语方言主要有 3 种：粤方言（广府话）、客方言（客家话）和闽方言（潮州话）。地方曲艺有广东音乐（代表作品《步步高》《赛龙夺锦》《平湖秋月》《雨打芭蕉》）、粤剧、潮剧、汉剧、雷剧、山歌剧等。海外侨胞和归侨侨眷众多，有 3000 多万海外侨胞，占全国一半以上，分布于世界 160 多个国家和地区；省内有 8.8 万归侨、3000 多万侨眷，杰出代表有司徒美堂、冯如、钟南山等。

名胜古迹众多。有广州白云山、肇庆鼎湖山和七星岩、惠州西湖和罗浮山、韶关丹霞山、南海西樵山、清远飞霞山、阳江海陵岛、汕头南澳岛、湛江湖光岩等著名自然景观，最高的山是清远阳山县石坑崆（广东第一峰，海拔 1902 米）。有中共三大会址、中山纪念堂、黄埔军校旧址、西汉南越王墓、陈家祠、林则徐销烟池与虎门炮台旧址、韶关南华寺和梅关古道等历史人文景观。开平碉楼与村落被列入世界文化遗产，丹霞山被列入世界自然遗产。历史文化名城 8 个，5A 级景区 15 个。

交通四通八达。2022 年末高速公路里程 11211 千米、居全国第一，实现县县通高速。2022 年港口货物吞吐量 20.5 亿吨，亿吨大港 5 个（广州港、深圳港、湛江港、珠海港、东莞港），其中，广州港集装箱吞吐量 2485 万标准箱，深圳港集装箱吞吐量 3004 万标准箱。民用机场 9 个（广州、深圳、珠海、揭阳、湛江、梅州、佛山、惠州、韶关），其中，广州白云国际机场旅客吞吐量 2611.00 万人次，深圳宝安国际机场旅客吞吐量 2156.34 万人次。

经济实力雄厚。经济总量连续 34 年居全国首位。2022 年受新冠肺炎疫情冲击，部分经济指标增速有所回落，实现地区生产总值 12.91 万亿元，增长 1.9%；规模以上工业增加值增长 1.6%；固定资产投资下降 2.6%；社会消费品零售总额 4.49 万亿元，增长 1.6%；进出口 8.31 万亿元，增长 0.5%，地方一般公共预算收入 1.33 万亿元，下降 5.8%；居民人均可支配收入 4.71 万元，增长 4.6%。

黑龙江省情概况 （2022）

黑龙江省土地面积 47.1 万平方千米，约占全国陆地领土面积的 4.9%，占东北三省的 58.4%，居全国第六位。省内居住着汉、满、达斡尔、鄂伦春等 54 个民族，2022 年末常住人口 3099 万。设有 12 个地级市和 1 个地区行政公署，67 个县（市）。

历史文化。四五万年前已有古人类在黑龙江地区生息，肃慎、东胡、秽貊、挹娄等先民先后在此定居，夫余、渤海等古代地方政权和大金国在此建立。中华人民共和国成立后，曾设立黑龙江和松江两省，1954 年合并为黑龙江省。不同民族的文化差异——古老的渤海文化、金源文化、满族文化，加之清末以后的流人文化与关内移民带来的习俗，融汇形成了丰厚的历史文化资源和独特的边疆民俗风情，孕育了"东北抗联精神""闯关东精神""北大荒精神""大庆精神"和"铁人精神"，成为推动全省经济社会发展的精神财富和动力源泉。

自然资源。林地面积、森林总蓄积均居全国首位，森林覆盖率达 46.1%。已探明矿产资源 135 种，保有储量居全国前 10 位的有 55 种，除石油、天然气、煤炭等战略性资源储量位居全国前列外，石墨、长石、铸石玄武岩、火山灰等 9 种矿产储量居全国首位。大庆油田累计生产原油近 25 亿吨，约占全国同期陆地原油产量的 40% 以上。草地面积达 207.1 万公顷。湿地面积约 556 万公顷，占全国天然湿地的七分之一。年平均水资源量 810 亿立方米，有黑龙江、乌苏里江、松花江和绥芬河四大水系，流域面积 50 平方千米及以上河流 2881 条，常年水面面积 1 平方千米及以上湖泊 253 个。

农业生产。有耕地面积 1594.1 万公顷，占全国耕地面积的 8.5%，是全国唯一的现代农业综合配套改革试验区，是绿色有机食品生产基地和无公害农产品生产大省，绿色食品认证个数 1400 个，绿色食品种植面积达 7400 万亩，绿色食品认证数量和产量均居全国第一位。畜产品安全水平全国领先，婴幼儿奶粉产量及质量全国第一。

工业基础。"一五"时期国家布局 156 个重点工业项目，黑龙江省有 22 个，形成了以"一重""两大机床""三大动力""十大军工"等大型骨干企业为支撑的工业体系，工业生产跨 38 个大类、172 个中类、363 个小类的 404 种工业产品、上万个规格品种。新中国成立以来，累计提供了占全国 2/5 的原油、1/3 的木材、1/3 的电站成套设备、1/2 的铁路货车、1/10 的煤炭和大量的重型装备与国防装备。装备、石化、能源、食品四大主导产业占规模以上工业的 88.2%。良好的工业基础为利用现有经济存量数量扩张、技术升级、合资合作和引入发展要素上项目、推动区域经济发展提供了重要前提条件。

科技教育。科技综合实力在全国列第 12 位。有哈兽研、"703 所"等 778 个科研院所，哈工大、哈工程等 80 所高等院校和 4 个国家级大学科技园。有专业技术人员 116.2 万人，两院院士 41 位。机器人、载人航天、新材料等科研能力居全国乃至世界领先水平。较强的科技实力和较多的技术成果为全省促进高新技术成果产业化上项目提供了内生动力。

开放区位。与俄罗斯有 2981 千米边境线，有 25 个国家一类口岸，其中，对俄边境口岸 15 个，年过货能力 2900 万吨，对俄贸易占全国的近 1/4，对俄投资占全国的 1/3。对俄合作拓展到资源、能源、旅游、科技、文化、教育、金融等领域。

2022 年全省地区生产总值 15901 亿元，增长 2.7%；一般公共预算收入 1290.6 亿元，剔除组合式税费支持政策因素后增长 9.3%；社会消费品零售总额下降 6%；进出口总额 2651.5 亿元，增长 33.0%；城乡居民人均可支配收入分别为 35042 元和 18577 元，增长 4.1% 和 3.8%。

广东省与黑龙江省对口合作工作大事记

2022 年

省级领导互访交流

2 月 16 日，广东省省长王伟中主持召开省对口合作工作领导小组第五次会议，通报 2017~2020 年广东省与黑龙江省对口合作评估情况，总结 2021 年工作，研究部署新阶段工作。

2 月 25 日，广东省商务厅联合黑龙江省商务厅与俄罗斯联邦外贝加尔边疆区社会经济、基础设施、地区规划和发展部等俄方机构共同举办"中国黑龙江、广东—俄罗斯远东林业合作推介会"。推介会采取线上线下相结合的方式举办，黑龙江省委副书记、省长胡昌升，广东省副省长张新，俄罗斯联邦外贝加尔边疆区州长奥西波夫、副州长波波夫分别作视频致辞。

4 月 21 日，中俄友好、和平与发展委员会地方合作理事会中俄双方全体会议以视频形式举行。黑龙江省委副书记、省长，中俄友好、和平与发展委员会地方合作理事会中方主席胡昌升和俄罗斯滨海边区州长，中俄友好、和平与发展委员会地方合作理事会俄方主席科热米亚科围绕"发挥理事会机制作用，推动新形势下地方合作新发展"进行发言。广东省副省长张新、俄罗斯哈巴罗夫斯克边区政府副主席兼经济发展部部长卡拉什尼科夫围绕"发挥区位地缘优势，科技创新助推'双区'（远东跨越式发展区和粤港澳大湾区）融合发展"进行发言。黑龙江省委常委、副省长王一新主持会议。

5 月 12 日，黑龙江省委书记许勤、省长胡昌升会见华为公司代表团，进一步推动双方在数字经济、城市建设运营等领域继续开展深入合作。华为公司与黑龙江省政府签订战略合作框架协议，推动"一总部（华为黑龙江区域总部）、双中心（华为鲲鹏生态中心、昇腾人工智能算力中心）"建设。

7月28日，黑龙江省委书记许勤、省长胡昌升会见华润集团代表团，进一步推动双方在能源产业、医药产业及农产品精深加工等领域继续开展深入合作。

7月，广东省商务厅与黑龙江省商务厅合作举办"中国黑龙江、广东—俄罗斯远东进出口贸易线上对接会"，广东省副省长张新在开幕式上作视频致辞。

8月11日，深圳市政府代表团到哈尔滨考察深哈对口合作。黑龙江省委书记许勤会见深圳市委副书记、市长覃伟中一行并参加考察。许勤和代表团一行到哈尔滨规划展览馆了解哈尔滨历史变迁、城市现状、远景规划等情况，到深圳（哈尔滨）产业园考察园区规划建设、投资运营、企业入驻等情况，走访园区内企业库伯特科技、安天科技集团，分别调研了解智能机器人操作系统开发、企业科技研发及产品应用等情况。

8月23日，黑龙江省—广东省—俄罗斯哈巴罗夫斯克边区三方省州长举行视频会晤，共同落实中俄两国元首达成的共识，进一步促进中俄地方友好合作。广东省省长王伟中、黑龙江省省长胡昌升、俄罗斯哈巴罗夫斯克边区州长捷格加廖夫参加会晤，并共同签署经贸合作意向书。会后，两省共同制定并推动落实三方省州长会晤共识清单，进一步探索开展对俄合作的机制和领域。

11月，广东省人大常委会副主任叶贞琴在广州应邀出席黑龙江省—广东省—俄罗斯相关地区立法机构合作视频会议，与黑龙江省人大，俄罗斯阿穆尔州立法会议、哈巴罗夫斯克边区杜马负责人在线上进行友好务实交流，达成积极共识。

2022年1月

1月，两省外办制订《2022年黑龙江省、广东省联合开展对俄合作交流活动计划》，统筹安排全年对俄合作计划。

1月，南方医科大学与黑龙江省中医药科学院签订战略合作协议，全面展开中医药领域合作。

1月，顺德职业技术学院联合协作院校共同举办"德国'双元制'教师培训班"，邀请德国高等教育学院董事施尼克，德国职教专家、顺职院特聘教授贝恩德奥特（Bernd Ott）进行基于德国双元制职教理念的不同阶段教育教学方法的培训，黑龙江职业学院选派5名骨干教师参加培训。6月和11月，顺德职业技术学院分别举办协作院校教师研修项目"尚贤讲堂"第四讲、第五讲，讲授"职业教育'课堂革命'内涵剖析与实践""以品立院、以产兴院、以群强院——培养面向未来创新人才的探索实践"，双鸭山技师学院、黑龙江能源职业学院共121人参加培训。

1月，茂名市和伊春市联合举办"2022伊春—茂名网上年货节及特色产品线上展销活动启动仪式暨经贸投资推介活动"。

2022 年 2 月

2 月,茂名金信米业有限公司和伊春金海粮米业有限公司再次签署购销协议,签订协议金额 2.5 亿元。

2022 年 3 月

3 月,黑龙江省多地市出现新冠肺炎疫情,引发当地临床用血出现供应不足的紧急状况,为支援保障黑龙江省哈尔滨市医疗机构临床用血需求,广东省迅速从佛山市、肇庆市和揭阳市共调配 1000 单位红细胞支援黑龙江省,其中,A 型 300 单位、B 型 350 单位、O 型 250 单位、AB 型 100 单位。

3 月,茂名市和伊春市住房公积金管理中心签订合作协议,实现两市住房公积金业务的异地互认互通互贷。

3 月 1~3 日,广州市协作办副主任陈震率团一行七人赴齐齐哈尔市,考察调研广州合作项目和重点企业,齐齐哈尔市市长沈宏宇,副市长孙恒、周长友分别会见考察团,就两市对口合作进行深入洽谈。

3 月 16 日,深交所与黑龙江省地方金融监管局、黑龙江证监局召开"推进龙江企业上市工作"视频会议,研究在审企业加快审核、重点拟上市企业加快申报、共建黑龙江省资本市场服务信息系统以及在资本市场学院举办民营企业上市专题培训班等工作。

3 月 22 日,中山市与佳木斯市联合下发通知成立中佳产业园区筹建工作组,中山市副市长叶红光、佳木斯市副市长马新辉分别担任筹建工作组组长,两市相关地区、部门为成员。

2022 年 4 月

4 月 14 日,两省发展改革委联合印发《黑龙江省与广东省对口合作 2022 年工作要点》,确定年度重点任务,指导领导小组成员单位全面推进对口合作工作。

4 月 24~29 日,齐齐哈尔市经合局党组书记张德龙带队赴广州、深圳参观考察智能康养老机构深圳红心养老中心、广州弘胜物流集团、容达传媒有限公司、抖快点直播基地和广御园食品有限公司,与广东省异地商会联合会交流招商事宜。

2022 年 5 月

5 月 8 日,佳木斯市委副书记、市长丛丽带队赴中山市开展对口合作交流,与中山市委副书记、市长肖展欣进行会谈，双方围绕深化对口交流合作、加速推进中佳产业园区落地等方面进行深入交流，并达成共识。

5月13日，深创投董事长倪泽望、党委副书记邵钢赴黑龙江省金融控股集团考察，双方就深创投龙江产业基金设立进展情况以及进一步加强合作进行深入交流。

5月18日，惠州市与大庆市联合印发《大庆市与惠州市对口合作2022年工作要点》。

5月19日，中山市公共资源交易中心与佳木斯市公共资源交易中心通过视频会议方式，线上签署《对口合作框架协议》，缔结为对口合作单位。

5月20日，江门市和七台河市发展改革部门共同签订《优化营商环境经验交流合作框架协议》，双方将结合两市实际着重开展招标投标和创新创业等方面的经验交流。

5月20~23日，牡丹江市穆棱市委常委、副市长贾大鹏一行赴东莞市、深圳市进行项目对接洽谈，其间对接了华侨城集团、深圳产业协会、广州泰美实业公司、深圳星凯文化产业发展公司、深圳星润控股集团公司、东莞市慧鑫塑胶制品有限公司等企业、协会，就互联网大数据、农业沙棘、塑料产业、新能源产业、红色IP开发及红色旅游资源运营等领域合作进行深入对接洽谈。

5月26~27日，齐齐哈尔市委副书记何晶带队赴广州市、深圳市，与广东省异地商会联合会、深圳黑龙江商会座谈，并考察广州弘胜集团、广东聚石化学股份有限公司、深圳和而泰智能控制股份有限公司和深圳市德保膳食管理有限公司。

2022年6月

6月，黑龙江省委组织部常务副部长冯海龙一行到广东省委组织部沟通工作，协商建立两省干部常态化交流培训机制。

6月，黑龙江省工信厅副厅长官英敏带队到广东开展调研座谈，就两省数字经济、装备制造等产业合作重点领域和方向与广东省工信厅进行交流协商。

6月，哈尔滨综合保税区管委会、哈尔滨市商务局、哈尔滨市发改委等前往深圳前海数字贸易科技服务有限公司调研，双方围绕如何促进哈尔滨数字跨贸产业高质量发展、构建服务生态、如何以前海数字贸易（跨境电商）产业园等形式助力哈尔滨发展进行深入交流，探索共建深哈数字经济产业。

6月，哈尔滨市直机关、市属国企共计50人赴深圳市开展"哈尔滨市国有企业改革创新"专题培训，就"深圳国资国企改革创新探索与实践""国企混改背景下企业中长期激励政策与工具案例"等专题进行深入学习和探讨，并组织到天安云谷、深圳交通中心等地开展现场调研活动，深入交流企业改革创新发展先进举措和经验。

6月，双鸭山市在佛山国家火炬创新创业园举办"双山合作科技招商对接交流会"。

6月，七台河市科学技术局一行赴五邑大学调研，参观中德（江门）人工智能研究院、广东省光电材料及应用工程技术研究中心，与应用物理与材料学院新能源材料与器件研究团队进行交流，并积极推动七台河市与江门市相关企业在项目委托开发、样品分析测试及改进等方面达成合作意向。

6月，伊春市市长董文琴率伊春市政府代表团赴茂名市开展对口城市合作交流。其间，举办"伊春·茂名对口合作重点产业项目推介洽谈会"，两市企业分别签署地方特色产品战略合作、亿华森林康养项目合作、药品销售战略合作框架协议。

6月，茂名市中医药事业发展中心与伊春市北药服务中心一同赴化州市华逸中药饮片有限公司中药饮片厂、化州化橘红药材发展有限公司等企业实地考察，并就两市中医药产业合作进行交流探讨。

6月，伊春市嘉荫县与茂名市高州市签订战略合作框架协议。

6月7~11日，由黑龙江省地方金融监管局、黑龙江省工商联、黑龙江证监局、深圳证券交易所、资本市场学院主办黑龙江省民营企业上市专题培训班开班，黑龙江省35家专精特新企业、民营拟上市企业的董事长、总裁、总经理等逾50人参加培训。

6月8日，黑龙江省地方金融监督管理局局长郎国明一行到广东省地方金融监管局调研，双方就两省金融对口合作、优化营商环境提高信贷可获得性等议题进行座谈交流。

6月8~11日，中山市发展和改革局党组成员、市大湾区办常务副主任刘登带领火炬开发区管委会、市发改局、市国资委及中佳产业园区筹建工作人员赴佳木斯市，开展推进中佳产业园区建设对接活动。其间，考察佳木斯市市区、富锦市、桦川县的相关企业，实地考察中佳产业园区项目选址地，并与佳木斯市市郊区政府、高新区政府进行座谈。

6月上旬，中山与佳木斯两市政府审定同意《佳木斯市人民政府中山市人民政府深化对口合作协议》。

6月12日，牡丹江市西安区委副书记、区长王雅罡带队赴东莞市，考察全稳科技集团、智谷联创投资管理有限公司等企业，洽谈推进台湾精品农业、生物质肥、数字食谷产业园等项目。

6月12~13日，牡丹江市东安区委书记张耀斌带队赴东莞市，与东莞大岭山镇工商联、新硅谷（广东）产业投资有限公司、广东黄河实业集团、东莞协创数据技术股份有限公司、广东森本智能制造有限公司等考察对接。

6月12~14日，齐齐哈尔市副市长贾兴元带队赴广州市，与容达科技、广州香雪制药和国药集团佛山分公司等考察对接，洽谈电商直播、种子种苗基地建设、中药材购销合作等项目。

6月12~14日，牡丹江市林口县委书记付刚带队赴惠州市、东莞市、深圳市考察，与和源水电投资有限公司、中铁九局集团第三建设有限公司就龙山湖水电站开发建设项目，牡丹江干流莲花以下河段曙光、凤山、望江水电站项目签订协议，达成共识。

6月13日，鹤岗市委书记、市人大常委会主任李洪国率鹤岗市党政代表团赴汕头市开展对口合作考察交流活动。其间，代表团参观考察潮汕历史文化博览中心、汕头城市发展与产业展示厅、华侨试验区数字科技产业基地、粤东江南国际农产品交易中心等地，重走习近平总书记在汕头市视察调研路线，调研汕头市"三新两特一大"产业发展情况。

6月13日，汕头市粮食和物资储备局协助鹤岗市发展和改革委（市粮食局）、鹤岗融合传媒集团有限公司举办"鹤岗好粮油"走进汕头品牌营销活动产品宣传推介会。

6月13~14日，七台河市委书记王文力带队赴江门市开展考察调研活动，与江门市委书记陈岸明进行会面，商定两市在产业合作、园区共建、旅游合作、农业合作上发力，高质量推动对口合作向纵深发展。

6月19~23日，黑龙江省农业农村厅副厅长李文德带队到广州、深圳，开展农业经贸交流与招商引资活动，现场集中签约总额61.65亿元，其中，项目合同金额29.15亿元，并重点考察广东农产品流通和预制菜相关企业。

6月20日，佳木斯市委常委、抚远市委书记赴中山市考察并开展招商推介活动。推介会期间，中山市小榄镇人民政府与抚远市黑瞎子岛镇人民政府、中山市古镇镇人民政府与抚远市乌苏镇人民政府、中山市旅游协会与抚远市文体广电和旅游局、中山市黑龙江商会与抚远市远东国际商会分别签署战略合作协议。

6月21~22日，由绥化市粮食局主办、湛江市粮食和物资储备局协办的以"绥化好粮油湛江招亲"为题专项营销活动在湛江市举行。

6月22日，肇庆和鸡西两市粮食局签订《粮食对口合作协议》，建立两市粮食管理部门合作交流、定期会商和信息共享等机制。

6月22~23日，肇庆和鸡西两市粮食部门在肇庆市举办"鸡西好粮油进肇庆"恳谈会和以"青山绿水好稻米 健康粮油在鸡西"为主题的粮油产品展销推介活动。两市共8家粮食管理部门分别签订对口合作协议，部分粮食企业签订购销合同。

6月24~25日，伊春市农业部门赴茂名市进一步开展农业合作交流活动，两市农业部门签订农业合作框架协议，其间，考察团到化州、高州实地调研考察农业企业生产建设情况。

6月27日至7月1日，牡丹江市委组织部组织邀请东莞市委党校开展线上专题招商培训，在牡丹江市组织66名各级招商干部参加远程培训，围绕《"十四五"时期如何在"双万"新起点开启产业招商新征程》《加快构建新发展格局》等内容开展学习研讨。

2022 年 7 月

7 月，广东省委统战部副部长、省工商联党组书记陈丽文率领广东省工商联代表团赴黑龙江省潮汕商会暨哈尔滨市广东商会看望在黑粤商，调研商会及会员企业，鼓励在黑粤商开创新局面、树立新形象，为两省经济高质量发展贡献新的力量。

7 月，广东省工商联主席、长隆集团董事长苏志刚率团出席在哈尔滨举行的"2022全国工商联主席高端峰会暨全国优强民营企业助推黑龙江高质量发展大会"，引导两省广大民营企业把握形势、坚定信心，促进黑龙江经济社会发展。

7 月，第九届国际潮商大会团长秘书长会议在哈尔滨召开，汕头市委常委、统战部部长蔡永明及潮汕四市工商联有关领导出席会议。

7 月，黑龙江省工信厅在深圳组织召开"数字经济投资座谈交流会"和"黑龙江（深圳）数字经济投资对接会"。

7 月，广东南华工商职业学院赴黑龙江旅游职业技术学院太阳岛校区调研交流，双方就龙粤职业教育联盟建设、职教合作实验班、高水平高职学校及高水平专业群建设等方面进行深度交流。

7 月，黑龙江（深圳）数字经济投资对接会在深圳市召开，两市有关单位、企业积极对接数字经济产业合作机会。

7 月，黑河市副市长景泉赴珠海市跟岗锻炼，为期半年。

7 月，伊春市选派 1 名副厅级干部、3 名副处级干部、2 名科级干部赴茂名市跟岗锻炼。

7 月 2~5 日，牡丹江市穆棱市委书记贺业方带队赴东莞市，围绕数字经济开展招商活动。其间，与东莞市运和高分子科技有限公司、三文电子技术有限公司、广东源懋健康科技有限公司、朗勤电子科技有限公司、迈思普电子股份有限公司、深圳比亚迪股份有限公司、俊龙新材料科技有限公司等企业考察对接。

7 月 3 日，揭阳市与大兴安岭地区联合印发《大兴安岭地区与揭阳市对口合作 2022年工作要点》。

7 月 7~8 日，汕头市委常委、市委统战部部长蔡永明带领汕头市代表团赴鹤岗市开展项目考察。其间，代表团参加招商引资推介会，并先后深入到宝泉岭稻田画、黑龙江省宝泉岭农垦山林粮食加工有限责任公司、宝泉岭现代农业产业园、北大荒宝泉岭农牧发展有限公司、中国五矿集团（黑龙江）石墨产业有限公司、鹤岗市博物馆等地考察，了解鹤岗市生态农业、绿色矿业、文化旅游等发展情况，深入交流探讨对口合作事宜。

7 月上旬，黑龙江省住房和城乡建设厅选派 1 名副处级干部到广东省住房和城乡建设厅相关处室跟岗锻炼交流。

7月14~18日，汕头市金平区委常委、区党政办主任黄建鸿带领汕头市金平区经贸交流团一行赴哈尔滨市、鹤岗市工农区开展经贸对接交流活动。

7月20日，哈尔滨铁道技师学院邀请广东省城市技师学院参加黑龙江省与广东省技工教育对口合作2022年教学改革研讨交流会，重点围绕汽车维修、铁道施工与养护、城市轨道交通运输与管理等专业，共同研讨工学一体化教学改革。

7月20~22日，大庆市发展改革委、工信、经开区、高新区等部门赴惠州市仲恺区惠南科技园、大亚湾埃克森美孚惠州乙烯项目现场、中海壳牌二期、惠城区高新科技产业园等地调研。

7月21~22日，牡丹江市政协副主席、市工商联主席王伟华带队赴东莞市考察交流，东莞市委统战部副部长、市工商联党组书记陈国良，市工商联党组成员、副主席黄志良接待王伟华一行。其间，王伟华一行先后考察东莞市电子行业协会、东莞市食品行业协会、东莞市鸿骏膳食管理有限公司、东莞市合福稻农业科技有限公司、广东铧为现代物流股份有限公司、广东金富士生物科技食品有限公司、高盛科技园、广东嘉宏集团有限公司。

7月21~22日，江门市委副书记、市长吴晓晖率政企考察团赴七台河市，考察七台河市江河园区建设和石墨烯产业、特色农业、冠军文化发展情况，与七台河市委副书记、市长李兵进行座谈，达成在深化园区共建、产业互补、科技创新、文化旅游、经贸招商、基本公共服务经验共享等方面继续加强合作的共识。

7月22日，惠州市召开大庆惠州对口合作工作座谈会，两市发改、工信、商务等部门围绕园区开发合作、招商引资等方面进行交流。

7月23日，江门市在市直部门和有关园区分批选派业务骨干，组成派驻工作组到七台河市开展对口合作工作，以潘创明为组长的首批派驻干部到岗就位。

7月26日，齐齐哈尔市委书记王刚、副书记何晶接待广州弘胜物流集团，双方进行深入对接交流。

7月31日，绥化市举办以"粮头食尾""农头工尾"为主题的专场研讨活动，湛江市发展改革局、农业农村局等部门领导通过视频连线的方式参与交流研讨。

2022年8月

8月，借助世界5G大会举办之机，黑龙江省工信厅组织9个省直部门和13个市地赴深圳展开招商活动，与珠三角地区近200家数字经济领域企业代表召开对接会。广东省工信厅在哈尔滨举办数字经济投资对接活动，组织省内部分数字经济领域重点企业和协会参加对接洽谈。

8月，广东省文化和旅游厅组织广州广之旅国际旅行社股份有限公司、广东省中国旅行社股份有限公司等旅游企业赴黑龙江省开展考察调研、对接合作，并参加黑龙江省创意设计赋能消费品领域供需对接会、龙粤旅游企业对接会等活动，与哈尔滨冰雪大世界、哈尔滨伏尔加庄园、普罗旺斯薰衣草庄园、哈尔滨极地公园等文旅企业达成初步合作意向。

8月，顺德职业技术学院与黑龙江职业学院、双鸭山职业教育集团就两地高校以党建引领服务区域经济高质量发展的理念、做法、政策、机制等内容进行深度交流，分享党委在服务地方经济社会发展中的经验做法以及典型案例。

8月，哈尔滨市4名局级干部赴深圳市开展为期半年的跟岗学习工作。

8月，双鸭山市友谊县委代表团赴佛山市三水区开展对接交流活动，其间，走访水都招商中心、百威（佛山）啤酒有限公司、白坭镇粮食博物馆、粤港澳大湾区现代都市农业示范基地等地，深入考察企业项目以及特色园区、乡村振兴示范带创建情况，共同交流探讨对口合作工作。

8月，牡丹江市副市长李玉俊赴东莞市松山湖高新区挂职锻炼。

8月，佳木斯市4名干部分别赴中山市政府、市文化广电旅游局、市工信局、市发展和改革局等单位跟岗锻炼半年。

8月，江门市和七台河市文旅、商务部门联合在七台河市步行街举行2022"中国避寒宜居地"江门恩平温泉嘉年华暨乐购恩平消费节走进七台河推介活动发布会。

8月，绥化市选派第一批共4名干部赴湛江市跟岗锻炼。其中，绥化市副市长王行亮到湛江市人民政府党组跟岗锻炼，绥化市民政局党组书记、局长蒲莉到湛江市民政局党组跟岗锻炼，绥化市发展和改革委员会党组成员、副主任闫磊到湛江市发展和改革局党组跟岗锻炼，绥化市文化广电和旅游局党组成员、副局长王姗到湛江市文化广电旅游体育局党组跟岗锻炼。

8月，茂名市和伊春市民政部门以视频会议形式签订养老框架协议。

8月，伊春市友好区考察团赴茂名市电白区开展对口城市合作交流，详细了解电白区在建筑产业发展、企业生产经营、产业发展前景、优势产业转型升级方面情况，在招商引资、项目对接方面达成初步合作意向。

8月，鸡西市选派1名副厅级、3名副处级干部赴肇庆市直部门及下辖的县、区挂职。

8月1日，《黑龙江省广东省对口合作工作报告（2021）》由经济管理出版社出版。

8月2日，中山市副市长欧阳锦全出席佳木斯—中山—阿穆尔共青城三方市长视频会晤。

8月5日，大兴安岭地区选派4名干部赴揭阳市跟岗锻炼，时间6个月。其中，大兴安岭地区行署党组成员、副专员吕英到市政府领导班子跟岗锻炼；大兴安岭地区自然资源局党组成员、副局长原明科到市自然资源局领导班子跟岗锻炼；大兴安岭地区塔河县委常委、宣传部部长姜颖到揭西县委领导班子跟岗锻炼；大兴安岭地区交通运输局党组成员、大兴安岭地区运输事业发展中心主任华文勇到市公路事务中心领导班子跟岗锻炼。

8月5~6日，佛山市人大常委会党组副书记、副主任刘珊率广东省人大代表等一行15人赴双鸭山市考察学习，实地调研了解双鸭山市生态文明建设、粮食安全保障、绿色发展、农业农村现代化建设等方面的成效和经验做法，双鸭山市委副书记、市长宫镇江接见考察组一行，双方开展座谈交流，共同研究对口合作。

8月8日，齐齐哈尔市市委选派副市长贾兴元、依安县委副书记马福明、龙江县副县长郭圣耀、碾子山区副区长姜恒4名干部赴广州市跟岗学习。

8月11日，深哈对口合作第七次联席会议在哈尔滨市召开，深圳市委副书记、市长覃伟中，哈尔滨市委书记张安顺、市长张起翔等出席会议。会议深度总结五年来两市对口合作开展情况，并就下一阶段深化合作作出部署安排。

8月15日，哈尔滨市委副书记、市长张起翔一行到访深交所，与深交所党委书记、理事长陈华平进行座谈。双方就支持哈尔滨资本市场发展、加快企业上市培育、债券创新产品发行等方面进行交流。

8月15日，哈尔滨市商务局组织全市"三区一港"建设小组成员单位与前海创新研究院专家开展研讨，同期发布《自贸区哈尔滨片区（新区）、哈尔滨综合保税区、哈尔滨临空经济区、哈尔滨内陆港联动发展方案》工作评估结果。前海创新研究院邀请广东省商务厅、深圳市政协相关专家领导共同就未来推进"三区一港"工作提出意见建议。

8月15~19日，齐齐哈尔市工商联选派10位学员参加在哈尔滨市举办的广州市工商联（总商会）执常委暨会员企业高质量发展培训班。19日，广州市工商联会员企业高质量发展培训班结业仪式暨穗鹤两地经贸交流会在哈尔滨市举行，齐齐哈尔市建华区、龙江县等7个县（区）与广州市工商联会员企业高质量发展培训班4个小组分别签订友好牵手合作协议。

8月16日，哈尔滨市委常委、副市长郭顺民，哈尔滨市金融服务局党组书记、局长孙婉睿一行赴深圳市地方金融监管局调研，双方就"十四五"金融发展规划、金融服务实体经济、支持企业上市、金融市场体系建设、地方金融风险防范等有关内容进行交流。会后，哈尔滨市一行赴深圳创新投资集团、前海地方金融监管局、前海国际会议中心、前海联交所、基金小镇等进行考察调研。

8月16日，牡丹江市副市长李玉俊带领招商队伍赴东莞市鸿骏膳食管理有限公司参观考察，洽谈中央厨房预制菜项目。

8月16~17日，龙粤俄"两国三地"交流对接会在哈尔滨以线上线下相结合的方式举行，会议邀请广东、黑龙江两省及俄罗斯贸易、交通、金融行业企业代表进行交流对接。广发证券、广发银行等机构参会，广发银行作为广东金融机构代表发言。

8月16~17日，广州市委统战部副部长、广州市工商联党组书记魏国华率广州市民营企业考察团赴齐齐哈尔市进行对口合作交流互访，并举行穗鹤两地工商联对口合作交流座谈会。会上，穗鹤两地工商联签订《战略合作协议》。

8月23日，牡丹江经济技术开发区接待东莞市威玛仕运动用品有限公司一行6人，洽谈冰上运动装备研发生产项目。

8月24~26日，广东省委宣传部分管领导同志带领有关文化企事业单位，赴黑龙江省哈尔滨市调研交流。调研组参加了黑龙江省创意设计赋能消费品领域供需对接会，与黑龙江文化企业进行了广泛对接，其间，深圳（哈尔滨）产业园、哈尔滨理工大学分别与广东东方麦田工业设计股份有限公司签订战略合作、共建数字技术与创新创意产业学院项目协议等。

2022年9月

9月，广州番禺职业技术学院教师参与黑龙江建筑职业技术学院牵头的国家级建筑智能化工程技术专业教学资源库建设，资源库顺利通过教育部验收。

9月，双鸭山市选派双鸭山市副市长孙宇，双鸭山市四方台区区长刘鹏，双鸭山市宝清县委常委、宣传部部长薛丽伟，双鸭山市尖山区副区长朱祥凯分别赴佛山市人民政府、南海区人民政府、禅城区委、三水区人民政府开展为期6个月的跟岗锻炼。

9月，茂名市与伊春市、俄罗斯犹太自治州比罗比詹市举行三方市长视频会谈。

9月1日，广东省食品行业协会会长、新瑞实业控股有限公司董事长雷小龙带领广御园食品有限公司、澳门御品莲花汇公司和广东佳恩购物广场有限公司赴齐齐哈尔市依安县进行考察。依安县委副书记、县长王柱带领相关部门陪同考察。考察团先后深入北纬四十七绿色有机食品有限公司、对青鹅业、全益食品有限公司、万瑞食品有限公司进行实地考察，并召开相关企业座谈会。

9月3日，鸡西市文旅体部门赴肇庆市开展文旅宣传推介活动，参加肇庆、鸡西文化体育旅游对口合作座谈会，两市就文化、旅游等交流活动进行全方位商谈，积极推动两市文旅协同发展。

9月14日，东莞市工商联（总商会）党组成员、副主席黄志良率东莞市镇（街道）工商联（商会）主席、团体会员企业家等一行赴牡丹江市开展考察交流，牡丹江市委书记杨廷双会见考察团一行，牡丹江市领导王志刚、王伟华参与会见，签署《牡丹江市、东莞市工商联（总商会）对口合作机制框架协议》。

9月17日，惠州市与大庆市联合印发《大庆市与惠州市对口合作"十四五"实施方案》。

9月26日，哈尔滨森鹰窗业股份有限公司在深圳证券交易所创业板首发上市，募资总额9.1亿元，证券简称森鹰窗业，证券代码为301227。森鹰窗业成为境内A股第一家细分行业为"C2032木门窗制造"的上市公司，创业板迎来中国铝包木窗业第一家上市公司。

2022年10月

10月12日，七台河市召开"江门·七台河园区建设运营研讨会"，派驻工作组干部作题为"江门国家高新区建设运营机制之思考"的发言，介绍江门国家高新区发展历程、鹤山工业城发展和运营经验、江海区高新技术企业培育和发展经验，与参会各县区和园区代表交流，为七台河园区未来发展和运营提供经验和启示。

10月27日，牡莞软体家具制造数字产业园项目签约仪式在牡丹江市西安区举行。西安区委书记赵玉国，牡丹江市东莞软体家具商会执行会长刘兆亮等参加签约仪式。

2022年11月

11月，由黑龙江省粮食和物资储备局主办，广东省粮食和物资储备局组织45家企业及粮食和储备管理部门170余名代表，参加"2022·黑龙江第十八届金秋粮食交易暨产业合作洽谈会（线上）"。

11月6~14日，牡丹江市爱民区委副书记、区长王晓宇带队赴东莞市塘厦镇，考察林村社区、硅谷动力产业园、东益智能汽车产业园等项目，并会见塘厦镇镇长任奎，洽谈区镇合作事宜。

11月10日，中山市粮食经营、加工、贸易及经销商等相关企业参加"2022·黑龙江第十八届金秋粮食交易暨产业合作洽谈会"云端开幕活动，了解黑龙江省优质农产品情况，促进两市粮食产销合作。

11月12日，牡丹江市副市长李玉俊带领招商队伍赴广东文一朝阳集团参观，深入洽谈智能化纸制品生产基地项目。

11月20日，牡丹江市海林市委书记魏红梅带队赴东莞市拜访台湾企业联合会，双方围绕海林市林木加工产业、涮涞酒店的事宜展开洽谈。

11月21日，双鸭山市、佛山市、俄罗斯马加丹市通过线上视频形式共同举办"双鸭山—佛山—马加丹城市交流合作与发展对话会"，"两国三城"外事、发改及商务部门负责人出席活动并进行线上交流。

11月28日，揭阳市与大兴安岭地区联合印发《大兴安岭地区与揭阳市对口合作"十四五"时期工作实施方案》。

2022 年 12 月

12 月，黑龙江在广东举办中国（黑龙江）自由贸易试验区广东招商推介会，广东省商务厅组织邀请广东企业参加并衔接广东自贸试验区南沙片区、深圳前海蛇口片区调研活动。

12 月，第三十二届哈尔滨国际经济贸易洽谈会以"线上线下"相结合的方式举办。

12 月，双鸭山市在佛山国家火炬创新创业园举办"双山合作科技招商对接交流会"。

12 月 19 日，第九届国际潮商大会在哈尔滨市举办，大会以"潮涌龙江 筑梦冰城"为主题，进一步推动龙粤深化合作、助力龙江振兴发展。

12 月 26 日，佳木斯市在中山市举办"佳木斯好粮油下江南——中山站活动"，推出"佳木斯好粮油"公用品牌日出东极系列产品，展示佳木斯市优质农产品。

12 月 29 日，大庆高新技术创新服务中心赴惠州市调研走访企业和政府部门，探讨交流智慧城市建设、重点建设项目管理平台、园区建设功能等内容。